中國人的自我

自我

朱瀅 著

開明書店

謹以此書

紀念一位平凡的女性 ——汪慧麗

序言

　　這本小書試圖以通俗的形式，介紹中國人的自我是怎樣的。中國人習慣說「在家靠父母，出門靠朋友」，又總是強調「血濃於水」，還津津樂道「塞翁失馬」的故事等等，這些說法或格言，都反映出中國人的自我不同於西方人自我的特點。「自我」就是「我」，要超越自我，力求在學業上、事業上、生活上更上一層樓，首先就要認識「我」。所以，這本書的名字叫做「中國人的自我」。

　　雖然中國人對笛卡兒的名言「我思故我在」並不陌生，但對「什麼是自我？」卻很陌生。這是因為，中國哲學並不討論自我的問題，直到 2005 年著名哲學家張世英在其《哲學導論》中有專門一章討論自我，這也許是中國哲學頭一次系統地論述這個問題。中國哲學不討論

自我問題，因而中國文化也忽視了個人的存在。情形正如思想家梁漱溟所說：「中國文化最大之偏失，就在個人永不被發現這一點上」（梁漱溟，《中國文化的命運》，中信出版社，2010）；還因為，與中國哲學、中國文化相適應的是，在中國社會實際生活中中國人作為一個個體從來沒有被強調過。兩千多年來我們要麼強調帝王，要麼強調集體，直到 1978 年改革開放，特別是 2008 年奧運會前夕，情形才開始有所轉變，因此，現在是討論自我問題的良好時機。

書中附錄有一篇文章，是「哲學家張世英談自我」。張先生指出，「當前，我們還是應當在會通中西、取長補短的大原則和總的趨勢下，更着重注意學習、吸納（西方人的）『獨立型自我觀』」。

本書附有一份珍貴的歷史文獻：古代中國人自我結構圖，這是 1885 年英國人理雅各（James Legge）翻譯《禮記》時繪製的。哲學家馮友蘭在他的一篇文章中指明了該圖的出處。書中心理學實驗也多用圖表說話，幫助

理解。總之，我們希望讀者閱讀本書，就是一次發現自我的愉快旅行！

　　自我問題十分複雜，我們的學識有限，書中不妥之處，誠懇歡迎廣大讀者批評指正。

朱瀅

2021 年 1 月

目錄

漫談自我

在正式引入本書主題之前，我們先來看幾個例子，這些例子有的來自新聞報道，有的是發生在我們每個人身邊的事。

一、漫談自我

中國人、美國人

我最近買了套房子，我感覺這件事是照我的意願決定的。但仔細回憶一下，其實我原本更傾向於租房子，是我媽一直想讓我買房來着。我要是美國人的話，我現在一定仍在租房子住。但我是中國人。（記者田利平，2002）

美國人「不會通過別人的眼睛去觀看一切，也不會通過書本的假象去認知一切」。（美國詩人惠特曼）

崔健喊出了自我

現代西方世界起源於工業革命，而工業革命之前有一場必要的精神革命：文藝復興。中國也正在經歷這樣一個過程，這個過程首先從承認自我、承認人性開始。崔健就起到了這樣的啟蒙作用。

1986 年崔健演唱的《一無所有》，在當時不啻為一聲驚雷，誕生出「我」的概念並立即開始在當時的青年心中激蕩，因為在過去的歌曲比如「紅色經典」中，「我」的個人主體是被忽視的，「我」只是一個集體性的歸屬，而正是《一無所有》中的「問個不休」的「我」才宣告了個體獨立意識的覺醒，從而讓一種淳樸自然的個人表達找到突破口。當年那些歌迷來信幾乎沒有人把崔健當作一個偶像歌星來崇拜的，而是紛紛傾訴：他們從崔健的音樂中找到了自己。

《一無所有》第一次提出了「我」這個概念，在這之

前，中國的現代歌曲裏只有「我們」，即使有「我」，也是「我愛北京天安門」「我是一個兵」這類。而崔健的第一張專輯裏，一共有 150 多個「我」。「一無所有」這首歌不僅屬於青年，也屬於全民。（《南方周末》，2013, 1, 17）

《紅高粱》電影

莫言思考過《紅高粱》電影成功的原因，他認為，20 世紀 80 年代正是中國改革開放的初期，經過長期壓抑的人們內心深處有很多東西需要釋放，而《紅高粱》電影的主題正是強烈要求個性解放。影片中，無論是男人還是女人，都是能喝酒、敢說敢做敢愛的人，這種追求自由的精神滿足了老百姓的需求。

實際上，要求個性解放、追求自由的精神，也就是要求承認自我，進而追求自我崛起的精神。因為個性是我的個性，自由是我的自由。

姚明的自我

姚明退役了！國家體育總局局長劉鵬稱，姚明影響力

超體育，成為中西方交流使者。這真是一個恰當的評語。

為什麼是恰當的評語？從 2011 年 7 月 25 日姚明退役儀式暨表彰典禮上姚明的一句話就可以理解。在典禮上，來自山西的一名普通球迷給姚明送上一幅自己畫的畫，上面有三個人，都是姚明，分別在扣籃、「蓋帽」和投籃，名稱就是「中國長城」，姚明自然地感歎：「那就是本我、自我和超我。」

弗洛伊德（Sigmund Freud，1856–1938）是心理學大家，心理分析學說的創始人，被世人認為是與達爾文和馬克思齊名的 19 世紀最重要的三位思想家。「本我」（Id）、「自我」（Ego）與「超我」（Superego）是弗洛伊德提出的心理分析的概念。「自我」一詞在西方家喻戶曉，因為幾乎人人都在為「實現自我」而奮鬥。

姚明在美國拚搏多年，他知道美國文化是怎樣的，他知道美國人是怎樣的。面對球迷送來的三個姚明畫像，姚明脫口而出，以「本我、自我和超我」三個「我」共為一個「我」的西方語言，深刻而機智地表達了自己的感歎，那就是當年的我啊！

屠呦呦的辯護

屠呦呦是首位中國內地獲得諾貝爾生理學或醫學獎的女科學家。美國《紐約時報》2015 年 10 月 9 日報道了記者與她的問與答（《參考消息》2015 年 10 月 11 日）。

問：有人 —— 包括你的一些前同事 —— 批評說，你不應該被當做發現者，因為那是團隊努力的結果。

答：過去我們都信奉集體主義。我只想做好工作。當然，沒有我的團隊，我什麼也做不出來。外國人閱讀了歷史記錄並選中了我。中國的獎勵總是發給團隊，但外國的獎項是不同的。這個榮譽屬於我、我的團隊和整個國家。

自我與教育

2015 年英國廣播公司（BBC）推出了一部紀錄片《我們的孩子足夠堅強嗎？中式教育》，記錄了五名中國教師到英國給 50 名 13-14 歲的中學生上課一個月的情形。紀

錄片顯示，教師與學生彼此都不滿意對方。人們認為這是文化差異造成的。

中國教師不滿意英國學生在課堂上不守紀律，閒聊，做鬼臉，甚至打鬧；英國學生不滿意中國教師填鴨式的教法。一名學生說：「我像個機器人，不停地記筆記」，「在課堂上我發現自己沒有發言權，只有老師說了算」；另一名學生說：「他們的教學方法確實有效，但我們並不覺得自己學到了很多東西」。

人們爭議中國式教育方法為什麼在英國行不通，華人作家薛欣然指出了英國和中國學校的文化差異：

在中國，學生一進教室，就得告訴他們，你一定要好好學習，這是你對國家、民族和你家庭的責任。他說，在英國，老師會問學生：「你未來想做什麼？你想實現自己的什麼目標？」

英國記者西蒙·詹金斯也強調了中英的文化差異，他說，「我們會教（學生）反叛、破壞和創造」而不強

調死記硬背。事實上，中國的教育更像流水線工廠，每個人基本上是一模一樣的思維，而英國小孩每個都不一樣。比如，教學生做燈籠，在中國，學生會儘量做得跟老師做的一模一樣，但英國的學生做出來的燈籠形狀各異、五顏六色。

以上是對《參考消息》（2015, 8.7）和《北京晚報》（2015, 8.5）相關報道的綜述。現在讓我們從自我的角度來看中英教育的差別。

西方人的自我是獨立的自我，具有自由、理性與個性三大特徵。學校從小就培養學生為「實現自我」（實現自己的目標）而努力。這種培養注重自由（英國媒體稱，你可以問任何一位處於教育研究前沿的專家，他們會告訴你，課堂亂一點並不總是壞事），注重理性（英國媒體稱，我們的教育系統會鼓勵學生跳出固有思維，勇於承擔風險，質疑先入之見），注重個性。（英國學校具有「以學生為中心進行教學」的理念。）

然而，中國人的自我是互倚的自我，強調個人從屬於家庭、集體，最終從屬於國家。中國學生為父母學

習,為國家學習(「你一定要好好學習,這是你對國家、民族和你家庭的責任」。北京大學過去的校訓之一就是「為國求學」),因而固守自己的社會角色——學生,即學生就要聽老師的話,聽父母的話,沒有勇氣與老師平等地交流或質疑老師所講的內容,也很少在課堂上提問。

沒有自我,所以忙碌

在我們匆忙從辦公室沖向健身房再去吃晚餐,並驕傲炫耀我們忙碌不堪的日程安排時,有必要回想一下150年前丹麥哲學家克爾凱郭爾的告誡:

> 在所有荒唐的事情中,我認為最荒唐就是忙碌,匆匆忙忙地吃飯,匆匆忙忙地工作……令我感到奇怪的是,這些忙碌的家夥們到底想幹什麼?

美國哲學家伊文思解釋說,克爾凱郭爾認為忙碌是將一個人的注意力從真正重要的事情上轉移開來的辦法,比如你是誰以及生命的意義是什麼。你沒有也不想

意識到這一點，你沒有自我，你不得不總是保持忙碌。

（《參考消息》，2016, 4, 25）

孟非的忠告

江蘇衛視《非誠勿擾》節目主持人孟非說：

> 我特別不同意一句話：結婚不僅僅是兩個人的事，還是兩個家庭的事情。這句話聽上去貌似有理，其實想想沒多大道理。結婚跟兩個家庭有沒有關係？它當然有一定的關係，但歸根結底是你們兩個人相愛之後，最後願意走到一起共同生活的決定。

我會把這個話告訴我的女兒：

> 如果有一天，你找的那個人不管他是什麼職業，受教育程度如何，他家庭背景如何，他有錢沒錢，他帥不帥，都不管。當這個男的說，我要結婚這件事要回去聽我爸媽的意見，他們的態度會影響

到我的決定。我要說，這樣的人你不能嫁給他，因為他連結婚這個事都要回家聽他爹媽的，說明他還沒有做好準備獨立選擇與他共同生活的人。（2016, 5）

關於自我的口號

「自我」一詞如今在書籍、報刊、廣告、口號中經常出現，但人們使用的「自我」一詞有各種不同的含義。有人把「自我」看作「自私」。例如房地產開發商潘石屹認為，在朝向真理的道路上，最重要的就是消除自我。影星陳寶國也教導自己的兒子要自信，但不要自我。

有網民說，美國很霸道，很自我。自私是「自我」的一義原本是傳統中國哲學的主張，我們以後會討論到；二十世紀八十年代初，中國女排連續奪取世界冠軍，舉國振奮。女排提出的「戰勝自我」的口號傳遍全國。2008 年航天員景海鵬在接受採訪時表示，我們克服了困難，戰勝了自我。

在這些說法中，自我不再帶有自私自利的貶義，而是指自己原來的競技水平或身心狀態；廣告詞「純粹的自

我 ── ×××服裝」「新自我 ── ×××手機產品」。
上海四川北路一家服裝店乾脆以「自我 -Ego」命名,在
這些場合,「自我」就是獨特性的意思,因為自我表現現
在已成為時尚。

　　一位作者在《北京晚報》發表文章《北京街頭感覺
「我」》說,所謂在北京街頭感覺「我」,就是在北京街
頭在腦裏出現的關於自我的意念。

　　在這裏,「我」就是「自我」。據中國心理學家楊中
芳考證,傳統漢語裏沒有「自我」這個名詞,它是受西
方 Self 這個名詞的影響而組成的新名詞。看來,中國人
用「我」代表「自我」大概是「自我」在中國最通常的
含義了。「自我批評」是過去幾十年間中國人常常聽到的
說法,「自我批評」就是「我批評我」,「自我介紹」就是
「我介紹我」,如此等等。

　　2008 年北京奧運會前,各種突出我(即突出自我)
的口號紛紛出現。例如「我排隊,我禮讓,我快樂」「我
行動,我健康,我快樂」等等。目的是在實踐這些口號
的過程中,讓北京市民以良好的姿態和心理、身體素質

11

展現在世界各國朋友面前。

在那以後，各種突出我，即突出自我的口號又紛紛出現：

2010 年上海世博會：「我探索，所以我快樂」；

2010 年人口普查：「人口普查我參與」，「入戶調查我配合」；

2011 年反對被動吸煙：「被吸煙，我不幹」；

2016 年提倡創業和創新的口號：「我創故我在」。

其他的口號如，針對小學生的口號：「做最好的我」，「我努力，我真棒！」；針對一般市民的：「低碳生活，從我做起」，「孝敬老人，從我做起」等等。

精神上覺醒的表現

1978 年改革開放後中國人身心得到極大的自由，個人的主動性得到極大的發揮，以北京奧運會為契機 2008 年前後突出自我的口號紛紛出現。

　　突出自我，是中國順應歷史發展的表現。評論家蘇文洋說，20 世紀是國家民族崛起的世紀，21 世紀是人的崛起時代。中國「在國家民族崛起之後，人的追求自我崛起就是一個很自然的新目標」。(蘇文洋，《北京晚報》，2011, 6, 13)

二、自我，是什麼？

　　「自我，是什麼？」最簡單的回答就是，自我就是鏡子裏的我。但是，18 個月以前的嬰兒不能在鏡子裏認出自己，他／她們沒有自我；一般動物，如魚、猴子不能在鏡子裏認出自己，它們也沒有自我。

　　動物中只有猩猩、大象和海豚能在鏡子裏認出自己，它們具有自我。檢驗是否有自我的實驗的大致步驟是：把猩猩麻醉，然後在它額頭上塗記號，在它清醒後，讓它在大鏡子面前自由走動，當它看見鏡子中的猩猩時，能用手指着自己額頭的記號，或想要用手擦掉記號，這就說明它能識別出鏡子裏的形象就是它自己。

　　心理學家假定，只有猩猩的頭腦裏具有我（自我）的形象，這樣，它才能把心中的自我形象與鏡子裏的形象對照，從而認出自己。猴子心中沒有自己的形象，看見鏡子裏的自己形象，它以為是另一隻猴子，它通常的反應就是攻擊它。

　　當猩猩、大象、海豚和人能在鏡子裏識別出自己時，就說明他們能把「我」作為客體來注意了，在這個基礎上，他們也能夠用自己的經驗去推測別人（或別的猩猩、大象、海豚）的經驗與心理。

　　當然，自我非常非常複雜，在現有研究的基礎上，美國心理學家克里（Klein, 2012）把自我分析成好幾個功能相對獨立但又相互作用的系統。現在，人們把自我看作是一個多重系統。這些系統是：

　　①　一個人的情景記憶。人類有五種記憶系統，從種族與個體發展來說，情景記憶是最高級的一種。它指的是一個人親歷的對發生在一定的時間、地點的生活事件的記憶。例如，我 1983 年在美國

密西根大學習、工作了一年；我昨天上午在北京圖
書館看書，等等。

這類記憶不同於語義記憶，語義記憶是關於世
界知識的記憶。例如，水的分子式是 H_2O，東京是
日本的首都。語義記憶是大家都共有的，但我的情
景記憶只屬於我一個人。即使 1983 年在美國密西
根大學學習、工作的各個國家的人不少，但我的經
歷、我的感受仍然與別人大不一樣。

② 一個人性格特點的記憶。例如，我是急脾氣
的；勤勞的；勇敢的；愛乾淨的等等。腦損傷病人
的研究表明，病人可喪失其他記憶，但自己性格特
點的記憶不會遺忘。

③ 一個人生活的語義知識。例如，我小時候住
在廣西柳州市灣塘路李子園 16 號；我的叔叔叫李
大明等等。

④ 對時間持續性的經驗：現在的「我」與過去
某一時點的「我」是連接的。用一位詩人的話來說
就是，故我今我共為一個我。

⑤ 一個人能動和擁有的感覺：「我」是我行動的原因不同於自然界和社會的因果關係。例如，「我扔了一塊石頭」，在這個過程中，「我」是扔石頭的原因，即我是我行動的原因；「地震使許多房屋倒塌了」，在這個過程中，「地震」是房屋倒塌的原因。

在上述兩個事件中，「地震」與「房屋倒塌」有必然聯繫，是因果關係。但「我」與「扔石頭」之間沒有必然聯繫，因為「我」也可以不扔石頭，也許我這輩子都不扔石頭。「我扔了一塊石頭」是我自由選擇的結果，「我」只是「扔石頭」的邏輯主語。

這樣，我們有兩種邏輯形式：因果關係和自由選擇。因果關係和自由選擇的區分是由 Searle 提出來的。

⑥ 自我反思的能力。例如，我想我是怕狗的。「我是怕狗的這種心理狀態」成為我思考、反思的對象。四歲以前的小孩不能說出「我想我是怕狗的」話來，他只會說「我怕狗」。自閉症患者缺乏自我反思的能力，因而他／她們的內心世界十分貧乏。

⑦ 身體自我：表征和再認自己身體的能力。例如，在鏡子中認出自己，能識別自己的照片。

圖 1.1 是一項心理學面孔實驗的結果。Keenan 等人（2001）使用需要做腦外科手術的病人作被試。

首先，患者面孔（50%）與夢露面孔（50%）經過 Morphing 技術處理合成一個面孔。然後分別麻醉患者的左或右半球，在麻醉期間呈現合成面孔給患者，要求他們記住呈現的面孔。左或右半球麻醉期結束，讓被試回答，剛才看見的是自己的面孔還是夢露的面孔。實際上，所呈現的面孔是由 50% 的自我面孔與 50% 的夢露面孔合成的。

結果是，在麻醉左半球時，所有五個被試都認定，他們剛才看見的是自己的面孔；然而，在麻醉右半球時，4/5 的被試認為，他們剛才看見的是夢露的面孔。換句話說，當右半球功能正常時，人們傾向於認定是自己的面孔，而當左半球功能正常時，人們傾向於認定是名人面孔。這項研究表明，識別自己的面孔是右半球的功能。

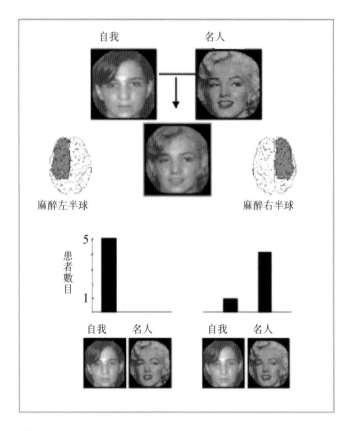

圖 1.1　Keenan 的實驗（2001）

三、文化與自我

下面用幾個例子來說明文化與自我的關係。

兩個小朋友的不同自我

讓小朋友對自己進行描述，得到兩種典型的回答。一個美國六歲的小朋友的自述是這樣的：我是一個讓人驚奇、特別聰明的人。一個愛逗樂的人。一個關心別人的人。一個想要進康奈爾大學（Cornell University）的好學生。一個願意合作、幫助別人的人。

而一個六歲的中國小朋友的自述是另外一種樣子：我是一個人。我是一個小孩。我喜歡撲克牌。我是我媽媽、爸爸的小孩，我奶奶和爺爺的小孫子。我是一個特別用功的好小孩。

上述兩個小朋友關於自己的描述大體代表了中美成人的描述，即美國人偏重描述自己的個性特點，而中國人偏重描述自己的社會角色。偏重描述自己的個性特點是獨立性的表現，而偏重描述自己的社會角色是依賴性的表現。

美國社會心理學家尼斯本特（Nisbett & Masuda, 2003）觀察，注意到——

> 獨立性或依賴性的訓練開始得很早。西方人的嬰兒與他／她們的父母睡在不同的床，甚至不同的房間，是很平常的事，但這樣的事情在亞洲嬰兒極少發生。（中國小孩與母親睡在一起直到六歲左右）好幾代中國成人通常圍繞着一個嬰兒團團轉忙個不停，而日本嬰兒也總是跟着媽媽。

房屋的差別反映不同的自我

人類學家許烺光（Francis L.K.Hus）的眼光很獨特，他注意到了美國人的住房與中國人的住房有很大的差別。

美國住房外部：美國人的房子外面通常有一個或大或小的院子種些花草，大多數美國人的房子沒有籬笆也沒有圍牆。防止從外面看到房子裏面的，僅僅是窗戶上的窗簾。

中國住房外部：大多數中國人的房子都是由高高的

圍牆包圍起來的，從外面看到的僅僅是屋頂。在房子裏面離門口不遠處還有一堵短牆，當大門半開時，人們也看不到裏面。

但是，在房子裏邊，中國與美國的差別與在房子外邊的差別正好相反。

美國住房內部：美國人強調房子裏邊的隱私性。各個房間包括臥室、客廳、衛生間和廚房通常都有門隔開。父母不能隨便佔用小孩的房間，而小孩在父母的房間裏也沒有太多自由。在部分美國人家裏，丈夫與妻子還各有自己的臥室。

中國住房內部：在中國人的房子裏邊，除了未婚的異性，隱私基本上是不存在的。

當代心理學關於自我－他人關係的東西方差別研究與弗朗西斯·休的觀察一致：美國社會中，圈子內與圈子外的界限是模糊的，但個人之間的界限一清二楚；中國社會中，自家人（圈子內）與外人（圈子外）的界限是很清楚的，但自家人內部沒有什麼界限。（Chi-yue Chiu & Ying-yi Hong, 2006, 128）實際上，中美不同文化中的自我－

圖 1.2　美國人的住房外部

圖 1.3　中國人的住房外部

他人關係決定了這兩種文化中不同的自我觀或自我結構：美國文化中一個人的自我是獨立的、孤立的，而中國文化中一個人的自我依賴於他人。

中西方的不同認識

基督教教導說，在上帝面前的內在靈魂是一個人真正的自我，而一個人作為兒子、父親、女兒、母親的社會存在，並不是一個人真正的自我，相比起來，我們的社會地位和權力其實並不重要。在西方不管你信不信基督教，靈魂的觀念已經牢牢地轉變成自我的觀念。這是西方人強調人與自然、社會的分離，強調靈魂與肉體分離的結果；中國哲學是天人合一的哲學，強調人不能離開社會而存在，不能離開家庭而存在。在儒家文化中，一個人是他父親的兒子，他兒子的父親，他哥哥的弟弟等等，即要成為一個人就是要成為家庭的一員。由此看來，西方強調自我的獨立性，而中國強調自我與他人的關係。

中國人與母親「同住」在內側前額葉，而西方人自個「住」

1999 年神經科學開始了對自我的研究，這大部分得益於一項叫做功能磁共振成像的技術。（見圖 1.4）

在大的醫院裏都有磁共振成像（MRI）的檢查，如果懷疑某人頭腦裏有瘤子，通過磁共振成像可以檢查出來。但這種檢查只能把大腦的靜態結構反映出來，與心理活動相關聯的大腦活動無法顯現。功能磁共振成像（fMRI）配備了強大的計算機軟件可以把與心理活動相關

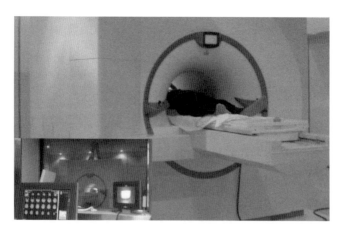

圖 1.4　中國科學院生物物理研究所認知科學重點實驗室的 3T 磁共振成像系統

聯的大腦活動顯現出來。

一個人思考自己有什麼特點時，例如，我是勤勞的，就激活了內側前額葉（內側前額葉簡單說來就是我們額頭下面的大腦），即內側前額葉就興奮了。當人的某部分腦區興奮時，因為那裏的耗氧量比較高，血液裏的含氧量就有變化，而儀器能夠記錄到這種變化。中國人西方人思考自己的特點時都激活了內側前額葉；但只有中國人思考母親的特點時，也才激活內側前額葉。西方人思考母親的特點時並不激活內側前額葉。由此可見，中國人與母親的親密關係已深入大腦，而西方人強調自我獨立性也已經深入大腦（Zhu et al., 2007）。這類比較中國人自我與西方人自我的神經基礎的研究，為前面說的中國人買房聽媽媽的而美國人買房聽自己的等心理現象，提供了神經科學的解釋。

小結

上面我們零星地列舉了關於自我的一些看法，總結

起來有三點：

① 我就是自我，自我不是自私。

② 自我是文化的產物，中國人的自我是相互依賴的自我。

③ 21 世紀追求自我崛起是中國人精神上覺醒的表現。如今，小學生也開始有了朦朧的自我概念了。

請看「我讀故我在」的牆報。(見圖 1.5)

影視演員姚晨說：「每個人的人生軌跡都是無法複刻的唯一，我們能做的唯有勇敢前行」。她的話是對自我和自我實現的很好詮釋。

自我非常複雜、深奧。21 世紀的今天，人們傾向於從文化、哲學、人類學、心理學與神經科學等廣闊的視野來研究自我。這本書就是我們學習、研究的心得。我們想告訴讀者：自我是什麼？中國人的自我是怎樣的？

圖 1.5 「我讀故我在」(北京晚報,2015, 4, 1)

參考文獻

北京晚報,2011-06-13.

北京晚報,2011-09-09.

北京晚報,2015-04-01.

ChiuC.-Y. & HongY.-Y. *Social Psychology of Culture*. Psychology Press. 2006.

Hsu, F.L.K. *Americans and Chinese*: *Passage to Differences*. University of Hawaii Press, 1981.

Keenan J.P., Nelson A., O'Connor M. & Pascual-Leone *A*.

Self-Recognition and The Right Hemisphere. Nature, 2001, 409(6818): 305.

Klein S.B. *Self Memory and The Self-Reference Effect*: *An Examination of Conceptual and Methodological Issues*. Personality and Social Psychology Review, 2012, 16(3): 283-300.

Zhu Y., Zhang L., Fan F. & Han S. *Neural Basis of Cultural Influence on Self-Representation*. Neuroimage, 2007,34:1310-1317.

第二講

文化與自我

一個人的行為舉止，處處表現出一個人自我的心理特點。

20 世紀 80 年代隨着中國對外開放，一批批西方教授來到中國的學校講學。美國教授驚訝地發現，在課堂上中國學生的表現完全不同於美國學生。在講課中，沒有任何人提問。講課結束，沒有任何人發表一點看法，甚至教授知道，學生對講課內容十分感興趣。2011 年網易教育頻道的一篇報告指出：現在中國學生大量湧入美國，但中國學生普遍不愛討論，由於課堂太安靜，以至許多美國學生如果發現課堂上有過多中國學生選課，通常會退課。對外開放這麼多年了，中國學生的習慣為什麼還沒有改變呢？

從中國人自我的心理特點出發，我們可以這樣解釋：

中國學生不提問，或不打斷老師，是因為作為一個學生，他的角色就是從教授那裏獲取知識，教授是該知識領域的專家權威。沒人問問題，說明我更應該專心聽講。而在提問之前，一個學生會想，「這個問題需要問嗎？如果需要問，需要我來問嗎？」「班裏有許多優秀學生，他們都不問，說明不該問吧。」這樣，中國學生注意自己在社會秩序（課堂秩序）中的地位──學生。

美國學生在課堂上表現得十分活躍。他們關注的是自我表達（self-expression）。美國人的信念是，你不能等着別人來了解你，你必須展現你的思想與感情，具備這種態度和想法並能清晰地表達出來是聰明的表現。要成為成功人士，要走在前頭，就要做「愛哭的孩子」（Asqueaky Wheel）。

而「愛哭的孩子有奶喝」（the Squeaky Wheel gets the

Grease）這類諺語反映的是，冒尖的人在美國吃香，得到鼓勵。而「槍打出頭鳥」這類諺語反映的是，冒尖的人在中國受到打擊，不能允許。中國人時刻要想到或已習慣與周圍人保持一致。

對西方人來說，選擇權是他個人最重要的權利之一。作家馮驥才記述了他在美國見到的一件小事。在公園裏，一位婦女拿一件風雪衣與一個四歲的小女兒說話，着急又認真，說個不停。過去一聽才知道，衣服一面是綠的，一面是紅的。她非要孩子自己決定穿紅的朝外還是綠的朝外，她不替孩子決定，這是孩子自己的事。後來這小女孩決定穿紅的，穿上後，兩人高興地走了。

選擇是我的權利 —— 這一觀念西方人從兒時起就深入心靈了。正因為美國人如此看重選擇，當一個美國教授作為客人應邀參加日本主人在飯店的會餐時，日本人的行為讓她大吃一驚。八個日本人在法國餐廳正忙着閱讀菜譜，服務員走了過來。為了打破沉默，美國教授明確地宣佈了她的選擇 —— 開胃飲料和主菜。沉默繼續，

接着是日本主人與其他日本客人緊張交談。

最後，飯菜上桌了。美國教授選的飯菜不同於日本人的，但讓美國教授吃驚的是，八個日本人的飯菜一摸一樣！在美國教授看來，這麼多的人吃一樣的飯菜簡直就是讓人心煩！如果你不選擇你自己的飯菜，這頓飯吃得香嗎？如果每個人都吃一樣的飯菜，那菜譜又是用來幹什麼的呢？

為了說明文化與自我的關係，我們先介紹文化與人的關係，因為人的概念在不同文化背景下是不同的，而不同的人的概念導致不同的自我概念；還因為在日常生活中，「每個人在別人心中是人，只是經驗自己為自我」。（Kirmayer, 2007, 239）（我們把別人當作人，而把我這個人〔自己〕經驗為自我。）或者說別人是自己的一面鏡子，我們從別人身上看到了自己。當我們把別人看清楚了，我們也容易把自己（自我）看清楚。

我們先討論中國人與西方人有什麼不同，然後討論中國人的自我與西方人的自我有什麼不同。

一、中國人有什麼不同？

中國人與西方人的比較

對比中國和美國對 2008 年北京奧運會的報道就可以說明中國人與西方人有什麼不同。

中國媒體的報道（以新華社和《人民日報》為代表）從歷史意義寫起，以全球意義結束，着重報道的是開幕式的表演過程及開幕式的世界各國領導人；而美國的報道（以《紐約時報》和美聯社為代表）則從具體的事件開始，以一名中國老百姓的評論結束。

另外，美國媒體的報道採用了幾位普通中國人的發言，反映了老百姓的驕傲及對北京奧運會的支持；中國的新聞報道則沒有一個具體的普通中國人的相關描述，而是籠統地以全國人民的反應來表達中國人民的自豪和對奧運會的支持。（彭凱平，王伊蘭，2009, 7）

兩位老人的比較

2014 年 2 月 1 日是馬年正月初二，北京衛視播放了

一條過年新聞：105 歲的戴倫老爺子與兒子、兒媳婦、孫女團聚喜慶的情景，由於兒孫各自的工作不同、各家還有各家自己的事，他的願望是有一天一大家 60 多口人大團圓。

同一天，香港鳳凰台播報了一條體育新聞：法國 102 歲的「不老騎士」馬爾尚 2014 年 1 月 31 日在室內體育館騎自行車以一小時騎了 26.927 公里，打破了百歲以上老人一小時內騎自行車路程的世界紀錄。數千人觀看了他的表演。他的願望是自己 109 歲還能騎自行車。

對比這兩條新聞可以看出中國人與西方人的不同：中國人強調家庭、親情，做人就要成為家庭的一員；西方人強調發揮自己的才能，去爭取成就，做人就要成為一個與眾不同的人。

兩本兒童讀物的比較

我們再來看看中國人與西方人是怎樣教育小孩子懂得「人」的概念的。

中國人強調從人倫、倫理的角度看「人」，而西方人

強調從科學的角度看「人」。例如，辛亥革命後出版的第
一種新編小學教科書第一冊第一課，赫然一個「人」字。
（見圖 2.1）

　　「人」字下面畫了祖孫三代共七人，讓小孩自然聯想
到：「我是爸爸、媽媽的孩子」。《教授法》告訴老師怎樣

圖 2.1　人

上好這一課，畫龍點睛之筆是：人之區別於鳥獸者，為「讀書明理」。換句話説，老師在講「人」字時，要強調人與鳥獸的差別。

與中國人不同，西方人強調人類是一種動物。例如，2009 年出版的法國人奧斯卡·柏尼菲為小孩寫的兒童哲學智慧書《我，是什麼？》中，他向兒童提出的第一個問題就是，「你是動物嗎？」(見圖 2.2)

圖 2.2　你是動物嗎？

接着他列舉「是」和「不是」的理由。「是」的理由
包括：

因為我能呼吸，能吃東西，長大以後會有小
孩，和其他動物一樣；
因為很久很久以前，我們是猴子；

「不是」的理由包括：

因為我很聰明；
因為我能說話；
因為我是人，人能蓋房子；
因為我死了以後會被埋葬。

最後作者做出結論道，人類是一種動物，人類也是
大自然的一部分。這顯然是從科學的角度看待「人」。
我們知道，自然科學與社會科學主要是由西方發展起來
的。西方人不願受自然束縛，他們提倡「知識就是力

量」，提倡大膽懷疑，要理解自然從而征服自然。而在征服自然的過程中，西方人強調發揮個人的聰明才智去建立自己個人的輝煌業績。

學者的比較

文化學者楊適 20 多年前就提出，「文化的中心是人本身。」中國人與西方人的不同，本質上反映了中國文化與西方文化的不同。（楊適，1991）

最近，文化學者余秋雨引述著名心理學家榮格的話，表達了類似的意思。余秋雨說，「瑞士心理學家榮格（C.Gustav Jung, 1875–1961）說『一切文化都沉澱為人格。不是歌德創造了浮士德，而是浮士德創造了歌德』。他在這裏所說的『浮士德』，已經不是一個具體的人名，而是指德意志民族的集體人格，也就是德意志文化的象徵。」（余秋雨，2012, 7）

歌德是偉大的德國詩人，「浮士德」是歌德創作的一部長詩中主人公的名字。榮格說「浮士德創造了歌德」，就是說德意志文化塑造了歌德這個人。這個意思與我們

前面提到的，不同文化背景下有不同的「人」的概念是一致的。

文化學者楊適認為：

> 如果說中國人的顯著特徵是重人倫的話，那麼西方人的顯著特徵是重自由。一部西方文化的歷史是從古希臘開始的，古希臘人就驕傲地把自己稱作「自由人」，直到今天西方人仍然處處以自己的國家和社會是「自由世界」自詡，可見他們最珍視的就是自由。在他們看來，人之為人的最本質的東西就在人有自由，能獨立自主，不受外物和他人的支配和奴役。在「不自由，毋寧死」這個口號裏就表達了這些意思。（楊適，1991, 99）

美國社會心理學家尼斯貝特說：

> 希臘人，比任何其他古老的民族，實際上可以說，比現在世界上的絕大多數人對個人的意志都有

更為清醒的意識——這種意識就是自己掌握自己的命運，根據自己的選擇來行事的意識……希臘人追求自由和個性……中國人與希臘人的個人意志相對應的是「和」。對每一個中國人來說排在第一位、最重要的是一個集體或幾個集體（家族、村子、尤其是一個家庭）中的一員。個體並不像希臘人那樣是在各種社會環境中保持着個體特徵的獨立單元……，在有組織的等級體制中按照規定的角色行事，這是中國人日常生活的實質，希臘人追求個人自由的意識，中國人是沒有的。（尼斯貝特，2006, 1-4）

如果把上述楊適與尼斯貝特的意思綜合起來，我們可以說，西方人作為個體面對社會，個體是具有獨特個性的獨立單元，正因為是獨立單元，西方人強調自由；中國人是集體（家庭、村莊、單位）中的一員，人倫（特別是家庭關係）是每個人最重要的事情。因此中國人強調「血濃於水」，強調「和諧一致」。

這裏說的西方人追求的自由並不是抽象的自由，而

是資本主義的自由，具有商品交易的特徵。而中國人強調的人倫（關係）也不是抽象的人倫，而是中國封建的宗族等級人倫。可以說，追求自由和維護與家人、他人的和諧都是人類的必需，中國人與西方人各自側重發展了一個方面，那是由中國與西方世界各自不同的幾千年的歷史、文化以及地理環境造成的。

二、兩種文化與自我結構

自我問題在心理學領域表現為「我是誰？」「我與他人的關係是怎樣的？」「人們怎樣解釋他們的行為？」等問題。理解與回答這些問題依賴於一個人所生活的文化環境。因此，近 30 年來心理學研究自我一直貫穿着這樣的思想：「自我是文化的過程與產物。」（Markus & Kitayama, 1991; 2010; Heine, 2001; Kitayama & Uskul, 2011）

那麼，什麼是文化？文化與自我的關係又是怎樣的？

心理學家定義文化為：文化是價值觀念及其實踐（實現價值觀念的行為）在大規模的，生態學的和社會水平上

的綜合。個人主義作為一種文化綜合特徵，強調個人的獨立、自主。在個人主義文化下，人們大多具有獨立型的自我（independent self）；集體主義也是一種文化綜合特徵，強調人與人之間的相互依存。在集體主義文化下人們大多具有互倚型的自我（interdependent self）。文化怎樣影響自我呢？

現有的研究表明，下列因素對自我有重要影響。

寒冷和乾燥的環境，以及住所的高度流動和低密度的人口（這些至少傳統上聯繫着遊牧和放牧的生活方式），導致強調人的獨立性；而溫暖而潮濕的環境，以及住所的少流動和高密度的人口（這些至少傳統上聯繫着農耕的生活方式），導致強調人與人之間的相互依賴。

商業化與工業化培養了人的獨立性，因為他們需要獨立的決策與判斷，以及同親屬關係、鄰里關係以外的人打交道。工業化的進程使農民從農村進入城市，進入工廠。在農村農民彼此是熟悉的，但各地的農民來到工廠，他們彼此是陌生人；商業的發展，特別是現代金融的發展是不以任何個人關係為基礎的，投資者和資金使用者之間完全

隔離。總之，與陌生人打交道要求人的獨立性。相反，商業化與工業化不發達的地區與國家，人們多與親屬、鄰里打交道，因此養成人與人之間相互依賴的特性。

較高的社會經濟狀況（Socio-economic status）的人們，例如，中產階級具有更強的獨立性。

美國人經常變換工作，因而變換住所（美國被稱為建在汽車輪子上的國家），這導致美國人的獨立性；亞洲國家農民住所一輩子也不變化，甚至祖祖輩輩就在一個村裏，這導致了人們相互依賴。

志願的邊疆開拓者，像 18 世紀和 19 世紀美國的西部開拓者，在人煙稀少的環境下，要獨立面對巨大的生存壓力，因而發展出獨立的心態，而且，自我激勵、自我保護以及自我績效推動的艱苦工作都視為當然，以便去應付殘酷的生態環境，因為那時候基本上沒有什麼社會支持可以幫助個人，而人們之間也很難建立起穩定的社會關係。與美國的情形類似，日本的北方島嶼（Hokkaido）具有 100 多年的開拓歷史，那裏的人們比日本大陸的人們更具獨立性。

圖 2.3　美國西部牛仔（http://blog.163.com/top20e@126/blog/static/16183711420111125816237 29 Andy Thomas 美國當代畫家）

　　總之，在生態與社會的諸多因素影響下，西方社會歷史上一直強調人的獨立性或與眾不同，因而西方個人主義文化發展出人的獨立型自我，而東方社會則更強調人與人的相互依賴，因而東方集體主義文化發展出人的互倚型自我。（Kitayama & Uskul，2011）

　　心理學家馬庫什與北山志（Markus & Kitayama, 1991;

2003; 2011）根據文化對自我的影響，區分了兩種自我結構。他們以自我與他人的關係作為區分自我結構的依據。

西方文化下人們具有獨立的自我結構（Independent Self-Construal），強調自我與他人的分離（separation），自我與非自我的邊界是個體與任何其他人（包括親人），即西方人的自我是他／她自己，不包括其他任何人。因此，西方人看問題依賴自己的觀點。相反，東南亞文化下人們具有互倚的自我結構（Interdependent Self-Construal），強調人與人之間的聯結（Connectedness）。互倚的自我嵌入在社會關係的網絡中，彷彿一個人屬於社會關係而沒有獨立的自己，自我與非自我的界限是父母、親人、好朋友等自己人與外人的區別，即東南亞人（East Asians）的自我包括親人、好友。因此，東南亞人看問題更依賴別人的觀點。

參考文獻

[美]理查·尼斯貝特.思維的版圖.北京：中信出版社，2006.

楊適.中西人論的衝突.北京：中國人民大學出版社，1991.

余秋雨.何謂文化.武漢：長江文藝出版社，2012.

［法］奧斯卡·柏尼菲. 我，是什麼？北京：接力出版社，2009.

彭凱平，王伊蘭. 跨文化溝通心理學. 北京：北京師範大學出版社，2009.

Heine S.J. *Self as Cultural Product*: *An Examination of East Asian and North American selves*. Journal of Personality, 2001, 69(6): 881-906.

Kirmayer L. J. *Psychotherapy and The Cultural Concept of The Person*. Transcultural Psychiatry, 2007, 44: 232-257.

Kitayama S. & Uskul A. K. *Culture*, *Mind*, *and the Brain*: *Current Evidence and Future directions*. Annual Review of Psychology, 2011,62: 419-449.

Markus H. R. & Kitayama S. *Culture and The Self*: *Implications for Cognition, Emotion, and Motivation*. Psychological Review, 1991,98(2): 224-253.

Markus H. R. & Kitayama S. *Cultures and Selves*: *A Cycle of Mutual Constitution*. Perspectives on Psychological Science, 2010,5(4): 420-430.

第三講

互倚型自我

　　中國人的自我是互倚型的自我，互倚型自我的意思是，自我包括十分親密的家人，自我以家庭為單位。

　　這種對中國人自我的看法，可以追溯到公元前的《禮記》——儒家思想的經典文獻之一；然後，1947 年人類學家費孝通用「差序格局」的概念來描繪當代中國人的人際關係、自我結構，而「差序格局」概念是儒家「人倫」思想的現代版；2005 年社會心理學家楊宜音在「差序格局」概念的基礎上用「自己人／外人」的劃分來表達今天中國人的人際關係、自我結構。「自己人／外人」的劃分本質上與《禮記》所描繪的中國人的自我結構是一致的。

　　這樣，在中國人自我結構這個問題上，我們看到了從《禮記》到「差序格局」，到「自己人／外人」劃分一

脈相承的表達。這種表達說明，中國人人際關係、自我結構從古至今一直基本上是按照儒家思想來構造的。

一、古代中國人的自我結構

《禮記》是儒家文化經典文獻之一，記述了當時禮制規範的核心思想和主要內容：臣民要服從帝王君主，下級要服從上級，兒孫要服從父輩，妻子要服從丈夫，弟要服從兄。它不僅制約着社會的倫理道德，而且制約着人們的生活行為。從漢朝到唐朝《禮記》有各種版本。1885 年理雅各（James Legge, 1815–1897）將它翻譯成英語，1885 年牛津大學出版社首次出版了英文版的《禮記》。

《禮記》中關於「孝服」（或「喪服」）的規定是中國古代人行為準則的一個典型的例子，表明人與人的親密關係是不同的。正因為如此，理雅各以西方人自我的視角，把「孝服」的規定變成了對中國人自我結構的描繪：五種等級的孝服表示了五種等級的人與人的關係。圖 3.1 是理雅各繪製的。

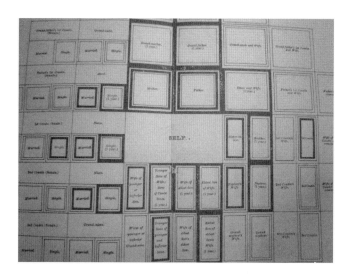

圖 3.1　Self（自我）[1]

　　為了觀察、閱讀的便利，我們把圖 3.1 變換為圖 3.2。圖 3.2 在內容上與圖 3.1 是一樣的。

　　從圖 3.1 或 3.2 可以看到，古代人要為第一等關係的人穿孝服三年。例如，兒子要為父母穿孝服三年；妻子

1　本圖是古代中國人的自我結構，出自 1885 年英文版《禮記》，這是一份珍貴的歷史文獻，本書引用這張圖可能是它第一次出現在中文資料中。哲學家馮友蘭在他的一篇文章中為我們指明了它的出處。

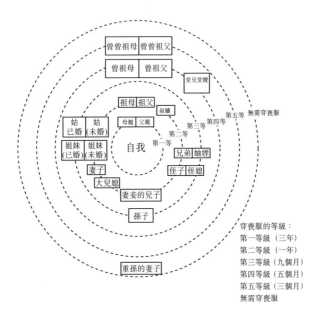

圖 3.2　中國男性為其宗親穿喪服的等級

要為丈夫穿孝服三年。

　　要為第二等關係的人穿孝服一年。例如，父親要為
兒子穿孝服一年；弟弟要為兄長穿孝服一年；丈夫為妻
子穿孝服一年。

　　要為第三等關係的人穿孝服九個月。例如，弟弟為
嫂嫂穿孝服九個月。

要為第四等關係的人穿孝服五個月。例如，已婚女性為她的堂（表）兄弟或堂（表）姐妹穿孝服五個月。

要為第五等關係的人穿孝服三個月。例如，男人要為母親姐妹的兒子穿孝服三個月。

對外姻關係的人則不必穿孝服。例如，對（外）孫子的媳婦。

理雅各把「孝服」的五種規定看作是中國人五種親密不等的關係，並把它作為古代中國人的自我結構，他是深得儒家文化精髓的。因為儒家文化就是孝文化，所以，「孝服」的規定典型地代表了儒家文化對中國人人與人關係的規定。「孝服」的規定表明，人與人的關係不是平等的。例如，父母是兒子第一等關係的人，兒子要為父母穿孝服三年。但兒子只是父親第二等關係的人，父親只為兒子穿孝服一年。

圖 3.1 與 3.2 表示，中國人的自我居中，在自我周圍有不同等級的親情與責任的關係包圍着。有血緣關係的人（如父母、子女等）與自我的關係最親密；而只有外姻關係的人（如妻子、外祖父母等）與自我的關係則疏遠。中

國人津津樂道「血濃於水」，就是這個意思。

　　總之、中國人自我處在社會關係的中心，它是家庭的一部分，它溶化於各種各樣的關係中，因而中國人的自我不是一個孤立、獨立的實體。

二、差序格局與團體格局

　　為了說明在不同的社會裏人與人的關係是不同的，人我的界線即自我與他人的界線是不同的，中國社會學家費孝通（1947/2009）提出了差序格局與團體格局的概念。差序格局是中國鄉土社會結構的格局，而團體格局是西洋現代社會的格局。他說：

> 　　我們沒有團體而有社會網絡，重疊的社會網絡。一切事情都通過這些網絡來完成。這來自建立在小農經濟基礎上的一千多年的傳統。（費孝通，1988）

西洋現代社會是個陌生人組成的社會。人與人的關係像在田裏捆柴，幾根稻草束成一把，幾把束成一紮，幾紮束成一綑，幾綑束成一挑。每一根柴在整個挑裏都屬於一定的綑、紮、把。每一根柴也都可以找到同把、同紮、同綑的柴，分紮得清楚不會亂的。

這裏用捆柴比喻社會組織，意思是，人們常常由若干人組成一個個的團體，如家庭、俱樂部、工會、政黨等等。團體內與團體外的人分得很清楚。在個人主義下，一方面是平等觀念，指同一團體中的各分子的地位相等，各個個人人格平等；另一方面是憲法觀念，指每個團體分子和團體的關係是相等的，團體不能為任何個人所私有。這種人與人的關係的一種格局叫做團體格局。

中國鄉土社會是一個「熟悉」的社會，沒有陌生人的社會。這樣的社會與西方現代社會是不同的。人與人關係的格局不是一綑一綑紮清楚的柴，而是好像把一塊石頭丟在水面上所發生的一圈圈推出去的波紋。

每個人都是他社會影響所推出去的圈子的中心。每個人都有一個以親屬關係布出去的網，這個像水的波紋

一般的網一圈圈推出去，愈推愈遠，也愈推愈薄。這就是鄉土社會中人與人關係的差序格局。

儒家文化最講究的是人倫，倫是什麼呢？倫就是指導社會關係的原則，或者，在社會關係中個人的角色。例如《禮記》規定，一個人的父親死了他要守孝三年；一個人的兒子死了，他要守孝一年。父親與兒子的角色不同，各人要做的事情便不同。而且，兒子要永遠聽從父親的。這樣，倫就是從自己推出去的和自己發生社會關係的那一群人裏所發生的一輪輪波紋（社會關係）的差序。例如，「君臣父子」「上尊下卑」「男尊女卑」「長幼有序」的差序。

中國鄉土社會的單位是村落，從三家村起可以到幾千戶的大村。村與村之間的往來不多，人口的流動率也小。人們常常是生在哪裏也老死在哪裏。在同一個村裏，許多人不是近親就是遠親，彼此非常熟悉。因此，這是一個「熟悉」的社會，沒有陌生人的社會。

作家十年砍柴對這個以近親與遠親組成的「熟悉」的社會是這樣回憶、體驗和感歎的：

　　我們兄弟從記事開始，融入以血親、姻親為經緯的熟人社會，那種自然狀態猶如幼魚游水，雛鳥學飛。我們首先要學會分辨的就是親屬尊卑，誰是我的親兄弟，誰是我共爺爺的堂兄弟，誰是我共曾祖父的堂兄弟，誰又是沒出五服的族兄弟、叔嬸；出了五服的那些族人，和誰又更親近一些；方圓幾十里，哪些姓李的和我們共了一個祠堂，共一份族譜；祖父、父親、自己和下一代的輩分是哪個字；而八華里外的那個王姓聚集的村子，誰是我的親舅舅，誰是我的堂舅舅；姑舅表親和姨表親的區別在哪兒。人死了，哪些人可以埋進祖墳，哪些人不能；碰到人家辦紅喜事該說什麼賀喜的話，而對長輩的喪事如何致祭，等等。鄉村的熟人之間沒有祕密，一個家族的爺爺，可以隨意在你家吃飯時走進來，坐到餐桌上和你父親一起喝酒。這些對我這樣成長經歷的人而言，是常識，而對我們兄弟的下一代，恐怕就是遙遠的傳說。

　　總之，在這樣的「熟悉」社會裏，人與人之間的交往，社會的信用不是由契約和法律保證的，而是由對祖祖輩輩流傳下來的習俗、行為規矩的熟悉保證的。因此，鄉土社會是禮俗社會。

　　現代社會工作、生活節奏快，人員流動性大。人們不僅選擇經常變換工作，還從這個城市遷到另一個城市，甚至從國內到國外工作、生活。因此現代社會是個陌生人組成的社會。陌生人組成的社會是無法用鄉土社會的習俗來應付的。既是陌生人，各人不知道各人的底細。所以，人們之間要講個明白；還要怕口說無憑，畫個押，簽個字。這樣就產生了法律。法律保證了簽約雙方，如僱主與僱員，生意交往的雙方等，共同履行協議、合同等。可是，法律的基礎是平等，是權利與義務的共存，只有人與人的平等性，才會促成市場經濟的產生與良性發展。因此，現代社會是法理社會。

　　例如，西洋家庭是一種界限分明的團體。在英美，家庭包括丈夫、妻子以及未成年的孩子。如果夫妻兩人拜訪朋友，就不能說「丈夫」帶了他的「家庭」來訪。

在家庭裏邊，各成員都是平等的。並沒有「夫為妻綱」
那一套約束，父子之間也是朋友。在美國，如果父母盡
到了養育孩子的義務，父母也有權利讓成年的孩子離開
家庭獨立生活，即讓成年的孩子事實上不與父母共同生
活。而很多剛剛踏出校門的 18 歲年輕人也會實踐這樣的
豪言壯語：一旦有能力我就會離開家。這樣，西方家庭
成員的權利、義務、價值觀念都與團體格局的人與人的
關係相聯繫。

但是在中國鄉土社會，家裏各成員不是平等的，各
人必須遵照世俗的行為規矩、按自己的「角色」想問題、
做事情。年長的對年幼的具有強制的權利。而且，家的
範圍是因時因地可伸縮的。「家裏的」可以指自己的太太
一個人，「家門」可以指叔伯侄子一大批，「自家人」可
以包括任何要拉入自己的圈子，表示親熱的人物。

總之，團體格局的人與人的關係中最主要之點是人
與人的平等，而差序格局的人與人的關係中最主要之點
是人與人的親疏之分，以「己」為中心推出，和別人組成
親疏不同的社會關係，像石子投入水中那樣，形成一圈

一圈的波紋。最基本的是親屬關係：親子和同胞。其次是朋友關係。「這種差序的推浪形式，把群己的界限弄成了相對性，可以說是模糊兩可了。」（費孝通，1947/2009, 30）換句話說，中國人的自我的邊界是伸縮不定的。

上面綜述的費孝通 60 多年前的思想，即關於中國鄉土社會中人與人關係的差序格局概念，今天仍然適用於中國社會嗎？答案是肯定的。

首先，理論上說，費孝通已經指出，「在中國鄉土社會中，差序格局和社會圈子的組織是比較的重要。同樣的，在西洋現代社會中差序格局也是同樣存在的，但比較上不重要罷了。這兩種格局是社會結構的基本形式，在概念上可以分得清，在事實常常可以並存的，可以看得到的不過各有偏勝罷了。」（費孝通，1947/2009, 37）

今天的中國，差序格局的人與人的關係仍然佔統治地位。中國仍然是發展中國家，農民佔人口的絕大多數（直到 2011 農民仍佔人口的一半），雖然有近兩億農民工，但他們沒有城市戶口，不能成為城市居民。而且，儒家思想的影響深遠，以及法制不完善的情況也進一步鞏固

了差序格局的人與人的關係。

事實上，中國社會心理學家，如楊國樞、黃光國、楊中芳、楊宜音等，都在費孝通「差序格局」概念的基礎上陸續提出各自的關於中國人的人際關係的分類。如楊國樞（1993）關於家人／熟人／生人的劃分基本上承繼了費孝通差序格局的思想。

三、「自己人／外人」的劃分

社會心理學家楊宜音（2005; 2009）認為，在「差序格局」概念基礎上的社會結構中人與人之間的關係絕不是平等的。每個人都有自己的特定地位，因而彼此間有不同的心理距離。所有人與人之間的情感和責任都來自這些不同的心理距離。

在「差序格局」概念基礎上，她根據自己的研究提出了中國人際關係分類，即「自己人／外人」的劃分。這種劃分包含了「先賦性」與「交往性」兩個維度。「先賦性」指的是人與人之間的血緣親屬關係，而「交往性」

指的是人與人之間的地緣關係，即由於商業、生產、各種社會活動沒有血緣關係的人之間進行的交往。

當然，親屬之間也有交往性。具體說來，「自己人／外人」的劃分中，自己人既包括具有親緣關係的人，也包括具有交往關係的人。外人也是如此。如表 3.1 所示：

表 3.1　中國人際關係的劃分

級／人物	先賦性關係	交往性關係	
第一等	家人	密友	自己人
第二等	近親	至交	↓
第三等	族親	頻繁交往關係	外人
第四等	遠親	交往略多關係	
第五等	更加遠的遠親	較少交往關係	

應該指出，2005 年楊宜音在費孝通 1947 年差序格局概念基礎上，提出的中國人人際關係的劃分 ——「自己人／外人」的劃分，反映了 1978 年以來中國社會經濟發展導致的人際關係的巨大變化。從表 3.1 看到，第一等的關係不僅有家人，還有密友。這說明『自己人』的範圍

擴大到非親人了，這是社會經濟生活快速發展的結果。

楊宜音（2005）認為：

> 「自己人／外人」這一分類系統，在社會流動加大的情況下，替代了由親緣關係連帶和熟人社會對於人際親密、義務和信任的保證，成為一個新的身份式概念，它延伸出來的是「圈子」「死黨」「鐵杆」「抱團」「一夥」等現象。它是中國人親屬關係真正的內核，一方面具有交往的動力特性，另一方面也仍然具有身份的規定特性。……（費孝通的）「差序格局」作為中國社會結構和社會關係的特徵，而「自己人／外人」正是它在社會心理圖式上的表達，也是中國人在社會交往中為了保證親密、信任和義務的穩定聯繫而形成的生存智慧與應對策略。

例如，黑龍江省一個村有個裁縫，他解放以來一直做裁縫，沒有受到各種運動的衝擊，也避免了做體力苦活。他的祕密很簡單：他在村裏編制了一個最大的交換

網絡，所有村幹部和有影響的村民都在其中。這些人都成了他的「自己人」。作為裁縫，他有雄厚的經濟基礎來保持和擴大這個網絡，同時這個網絡也保護了他免遭政治迫害，保障了他的賺錢職業。（Y.Yan, 1996）

還有學者指出，英美社會的生意關係是相當的非個人化（impersonal），所以英語俗語就有「絕不要把商業與娛樂攪合在一起」，可是在中國社會中，要做生意就必須與娛樂攪合起來。為什麼？這就是中西文化的差別。做生意要彼此信任才能做成。如果不信任別人，我們不敢買他的東西，也不敢與他簽訂合同。在西方，生意人（陌生人）之間的信任靠法律保障。但中國的法制不完善，生意人之間的信任靠親密關係。最好是與「自己人」合作，首選的是家人，親人；其次是同學，同鄉，同事；如果做大生意超出了上述範圍，就要通過吃喝，娛樂等與陌生人建立信任，先成為朋友再談生意。（劉賢方，2008）

應該指出，這種生存智慧與應對策略不同於西方現代社會團體格局中，保證人與人之間信任和義務靠法律的辦法。

我們知道，自我是相對於他人而言的。因此，人際關係分類本身就是自我的結構。楊宜音說，「差序格局的概念，鼓舞我們去構造中國人的自我結構。」（Yang, 2010）楊宜音關於「自己人／外人」的劃分，就是中國人的自我模式或結構，即自我在中心不同親情關係和交往關係的人圍繞自我形成遠近不同的心理距離的同心圓。（見圖 3.3）

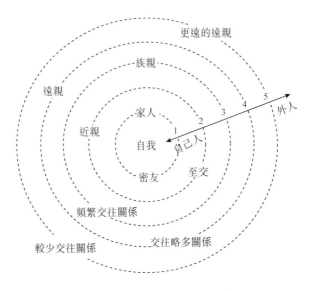

圖 3.3　中國人的自我（Y.Yang, 2005; 2009）

　　楊宜音在談到中國人的自我結構時指出,「這個自我結構有兩個主要特點。第一,自我具有同心圓的結構,個體的自我處在同心圓的中央,不同層次的關係編結成網絡;第二,邊界的通透性,即在不同的場合,個體自我可包含其他人,如家庭成員,朋友,鄰居。當一個人的自我邊界延伸到家庭層次,家庭成員就包含在他／她的自我邊界以內……」(楊宜音,2010)

　　中國人的自我包含其他人,如母親,已得到神經科學的證明(Zhu et al., 2007),這一點我們將在第八講給與說明。

　　總之,從費孝通「差序格局」的論述到楊宜音(2005)「自己人／外人」的劃分,我們可以看到,中國人的自我的邊界是伸縮不定的。自我與非自我的界限是父母、親人、好朋友等自己人與外人的區別。

　　中國人的自我包含其他人,如父母,因而中國人的自我是互倚型的自我;與此相反,西方現代社會團體格局中,人與人的平等意味着個人人格的獨立,因而西方人的自我與非自我的邊界是個體與任何其他人(包括親屬)的區別,西方人的自我是個體的。(Heine, 2001)

參考文獻

費孝通. 鄉土中 · 生育制度. 北京：北京大學出版社，1947/2009.

楊宜音. 自己人：一項有關中國人關係分類的個案研究. 中國社會心理學評論，2005, 1：181-205.

楊國樞. 中國人的社會取向：社會互動的觀點. 楊國樞，余安邦. 中國人的心理與行為：理論與方法篇（1992）. 台北：桂冠圖書公司. 1993：87-142.

劉賢方. 生意經為何總在酒桌上開始. 四川航空，2008(45)：82-83.

十年砍柴. 18 年進城路. 北京晚報，2011-04-15.

Heine S. J. *Self as Cultural Product*: *An Examination of East Asian and North American selves*. Journal of Personality, 2001, 69(6):881-906.

Legge J. (1885/1996). *The Li Ki. In The Sacred Books of The East*. F. Max Muller, ed. XXVII / The Sacred Books of China (The Texts of Confucianism). Translated by James Legge, Part IV, The Li Ki, I-X.Delhi, Motilal Banarsidass. (Six tables were after Appendix to book II (202-208). 209.）

Pasternak B. *A Conversation with Fei Xiaotong*. Current Anthropology, 1988, 29(4): 637-662.

Yan Y. *The Culture of Guanxi in a North China Village*.The China Journal, 1996, 35: 1-25.

Yang Y. *Guanxilization or Categorization*: *Psychological*

Mechanisms Contributing to The Formation of The Chinese Concept of「Us」. Social Sciences in China, 2009, 2: 49-67.

Yang et al. *Effects of Boundary-Permeated Self and Patriotism on Social Participation in the Beijing Olympic Games*. Asian Journal of Social Psychology, 2010, 13: 109-117.

Zhu Y., Zhang L., Fan J. & Han S. *Neural Basis of Cultural Influence on Self Representation*. NeuroImage, 2007, 34(3):1310-1316.

第四講

父母的兒子而非自己

一、根源在《孝經》

哲學家胡適在他的《中國哲學史大綱》中，討論了以孔子和他的門生為代表的儒家人生哲學。他說：

孔子的「仁的人生哲學」，要人盡「仁」道，要人做一個「人」。孔子以後的「孝的人生哲學」，要人盡「孝」道，要人做一個「兒子」。《祭義》和《孝經》的學說，簡直可算得不承認個人的存在。我並不是我，不過是我的父母的兒子。故說：「身也者，父母之遺體也。」又說，「身體髮膚，受之父母。」我的身並不是我，只是父母的遺體，故居處

不莊，事君不忠，戰陳無勇，都只是對不住父母，都只是不孝。《孝經》說天子應該如何，諸侯應該如何，卿大夫應該如何，士庶人應該如何。他並不說你做了天子諸侯或是做了卿大夫士庶人，若不如此做，便不能盡你做人之道。他只說你若要做孝子，非得如此做去，不能盡孝道，不能對得住你的父母。總而言之，你無論在什麼地位，無論做什麼事，你須要記得這並不是「你」做了天子諸侯等等，乃是「你父母的兒子」做了天子諸侯等等。（胡適，1918/2006, 119；見《孝經》天子章第二；庶人章第六；孝治章第八；感應章第十六；等等）

這樣，儒家孝文化並不承認個人的存在，每一個人只是父母的兒子。King（1985）也說「孝被推進到中國倫理系統的中心，因而不承認個人的獨立存在」。台灣心理學家黃光國認為，儒家傳統中的自我，首先和最主要地是孝的自我（Hwang, 1999）。Liu（2008）和 D.Sabet（2011）也都贊成黃光國的看法。例如，D.Sabet（2011）說：「按

照儒家傳統，一個人的身體來自父母，(而他的精神)自我本質上是孝」。既然「中國人是他父母的兒子，而不是他自己」的說法來自《孝經》，中國人的自我就是孝的自我。那麼，我們只有理解儒家孝文化，才能理解「中國人是他父母的兒子而不是他自己」的含義和意義。

儒家文化也就是孝文化，因為儒家思想是中國的家族制度的理論表現，而「孝」正是鞏固家族制度的最根本德性。子曰：「夫孝，德之本也」(《孝經》)，因此「孝」才能提高到人生哲學的高度。

二、金融學視角

哲學家馮友蘭（1895-1990）在反思中國 2500 多年來的家族制度時這樣寫到：

農民靠土地生活，而土地是無法挪動的，地主階級出身的讀書人也無法離開土地。一個人若沒有特殊的才能，他無法離開祖輩生活的這片土地；他

的子孫也只有世世代代的生活在這片土地上。這就是說，同一個家庭的後代，由於經濟的原因，不得不生活在一起。由此發展起中國的家族制度，它的複雜性和組織性是世界少有的。儒家思想在很大程度上便是這種家族制度的理性化。」（馮友蘭，2004, 18-19）

這樣，中國的農業經濟（小農經濟）造成了中國的家族制度，儒家文化就是中國家族制度的理論表現。

經濟學家陳志武（2009）以金融學的理論與觀點分析中國的家族與孝道，反思儒家文化，為我們理解中國人的自我提供了新的視角。他的思考方式與上述馮友蘭的思考方式是一致的。

在農業社會，家庭有兩個主要功能，一個是經濟互助，一個是社會功能即精神互助。其經濟功能包括兩方面，第一，在家庭內部存在各種隱性金融契約關係，父母在後代身上有投資，而後代有隱性「回報」責任；兄弟姐妹之間則你欠我的、我欠他的等等；這個家庭欠同族

上另一家的等等，相互間存在許多說不清的隱性債務、保險責任。這是市場經濟不發達的結果。第二，因血緣關係，「家」能大大減少各成員間利益交換的執行風險，減少交易成本。

正是由於「家」的經濟互助和精神互助這兩種功能，使農民不僅有可能勉強滿足今天的物質消費和精神需求，也還能應對未來物質生活所需的收入的不確定性、身體健康的不確定性，以及未來精神生活的不確定性。如生病、交通或生產事故、房子起火等意外事件，以及娶妻、嫁女、蓋房、養老等大開支，都是個人一輩子要應對的不好預測的各種風險。換句話說，在沒有市場提供的各類保險、借貸、股票、投資基金、養老基金等金融品種的前提下，農民是怎麼去規避未來風險，安排不同年令時的生活需要呢？他們靠的是後代，靠的是家族，宗族。因此，成家生兒育女，而且最好是生兒子，就成了規避未來物質風險和精神風險的具體手段，即所謂「養兒防老」。

生兒育女既是父母對未來的投資，又是為未來買的

保險，兒女是人格化的金融品種。因此，「養兒防老」是保險和投資的概念，而「孝」則是兒女履行隱性「契約」的概念。以「孝」和「義務」為核心的儒家文化，是孔孟為了降低這些隱性的利益交易的不確定、增加交易安全而設計的（陳志武，2009, (a), 201–202）。費孝通也指出，「儒家所注重的『孝』道，其實是維持社會安定的手段，孝的解釋是『無違』──無違於父之教。」（費孝通，2009, 78）

陳志武把兒女看作是中國傳統社會中人格化的金融品種，可能有些人認為過於赤裸裸而不能接受。但是，類似的思想早已有之，只不過陳志武是用金融學的術語表達，更為清晰而已。例如，葉光輝引述他自己 1997 年的說法：

「養兒防老」是在未具體規劃任何老人福利制度的傳統社會中，父母賴以保障自己年老生活無慮的期待。同樣的，子女願意敬愛與善待父母也可能是期待由擁有權力與資源的父母處，獲得任何好處的考慮下的表現。這是一種工具性目的的交換行為，而且是人類交往互動中一項很根本的行為。不過在

中國傳統社會的孝道中，交換除了發生在互動親子（父子）的身上外，還發生在跨代間的親子（子孫）身上。（葉光輝，2005, 305-306）

而且，上海青年並不排斥陳志武式的觀點。薩比特（D.Sabet, 2011）研究了上海 80 後，她引述一位深度訪談對象的活說：

你要知道，你同你的兒女的關係是怎樣的？是朋友關係還是投資關係？在西方，兒童是一個個體。他的父母認為，「我給他生命，我們有某種聯繫。」但是在中國，我不認為父母對兒童持有這種看法。中國父母把兒童看成私有財產……他們的兒女是他們唯一的希望，他們就是為兒女活着的。

薩比特（D.Sabet, 2011）認為，「感覺中國父母把兒童看成私有財產符合中國的實際情況：父母爭相投資於兒童的未來，因為家庭要靠他 / 她們養老。」2015 年一位

中國留學生的自述，再次證明陳志武說法的正確性。她說：「我的家鄉在浙江省一個名叫羅源的小山村……，我正在攻讀公共政策碩士學位……，我父母都是農民，他們多年來的希望是，他們在我教育上的投資和耐心能夠收穫經濟回報。」（《參考消息》，2015, 3, 13）

簡言之，兒女要孝順父母以實現父母「養子防老」的目的，當兒女成為父母，也要求其兒女這樣做。這就是上千年中國農業社會一代又一代的歷史。陳志武指出，「傳統中國家庭式以利益交換為目的了，一旦婚姻、家庭都成了實現生存概率最大化的工具，每個人都沒有自己，而只是為別人活着的工具。」（陳志武，2009, b）

陳志武關於中國人的結論與梁漱溟關於中國人的結論是一致的。梁漱溟說，中國人在人倫中，「在倫理情誼中，彼此互以對方為重，早已超過了『承認旁人』那句話，而變成『一個人似不為其自己而存在，乃彷彿互為他人而存在者。』」（梁漱溟，2010, 71）如果陳志武是對的，那麼中國人「只是為別人活着的工具」的傳統習俗也有了上千年的歷史，這樣的習俗是不會輕易消失的。

三、內在的含義

兒女為父母養老或養兒防老

今天的中國已成為僅次於美國的世界上第二大經濟體了。但是，中國仍然是一個發展中國家，由於兩億多流動人口（農民工）沒有城市戶口，八億人至今仍舊是農民，市民只有五億，中國大多數人仍舊是農民。因此，儒家傳統「養子防老」的思想在中國依然根深蒂固，陳志武的調查證明了這一點。

2005 年陳志武對北京、丹東、徐水縣以及河南的三個村作過一次調查，對於「你為什麼要生小孩？」的問題，各地回答的情況如下：三個村平均有 69% 的人說「養子防老」，而北京只有 12% 的人說「養子防老」，丹東和徐水縣在這兩個極端之間。當被問到「你是不是因為愛小孩而生小孩」時，三個村平均只有 16% 的人說「是」，而北京有 55% 的人說「是」，丹東和徐水縣仍然在兩端之間。（陳志武，2009, 204–205）

如果把「你為什麼要生小孩？」的問題看作是對家

庭的經濟互助功能的調查，而把「你是不是因為愛小孩而生小孩」的問題看作是對家庭的精神互助功能的調查，那麼，我們從調查數據可以看到：在農村，家庭的經濟互助功能是第一位的（養子防老佔 69%），而家庭的精神互助功能比較少（愛小孩而生小孩佔 16%）；而在大城市裏（北京），家庭的精神互助功能是第一位的（愛小孩而生小孩佔 55%），而家庭的經濟互助功能比較少（養子防老佔 12%）。

現在農民工約有兩億人，他／她們在城市沒有戶口，不能享受城鎮居民的醫療、住房和教育補貼。他／她們老了只能依靠子女：城裏人老了可以送到養老院，我們老了只能靠孩子。我們沒有養老金，也沒有什麼指望，一切希望都寄託在孩子身上——這就是農民工的心聲。他／她們不得不「養子防老」。

另外，從子女的角度看，據《網易女人：敬老作業怎麼做？第八期》報道，對 32000 多名 70 後、80 後和 90 後網友的調查表明，30% 的人認為父母在子女婚姻大事上很功利，父母干涉兒女婚姻是為了改善他們自己的生活。近日一項 4562 人參與的媒體調查顯示，84.5% 的

人坦言將來養老的預期已經影響自己的職業選擇。(《北京晚報》,2013, 3, 15)這樣,「養子防老」是「中國人是他父母的兒子而不是他自己」的第一層含義。

望子成龍

中國人歷來將子女看成自我甚至家族的延伸,各地興建的宗祠、續的家譜說明了這一點。父母的事業由子女來延續,「子承父業」是「養子防老」的城市版。據調查估計,中國現有 1200 多萬企業,民營企業 1025 萬戶,佔 80% 以上。而民營企業當中又有 80% 以上是家族企業,家族企業中的人們彼此相互依賴自不必說。

「望子成龍」還表現在,父母自己未能實現的理想、願望極力讓子女來實現。這也是「虎媽」「狼爸」教育的思想根源。2011 年中國社會科學院社會學研究所和社會科學文獻出版社聯合發佈的《社會心態藍皮書》稱,「望子成龍」排九大生活動力之首。並認為,這反映了中國傳統文化對當代中國人影響甚大。還有人認為,「子承父夢」、完成父母之願就是「為孝」之道,孩子是父母成

功與否的唯一標準。很多家長從小把孩子當作一件「商品」進行攀比，比成績、比學校、比才藝，長大了還比收入、比地位、比誰娶得好嫁得好。

總之，兒女束縛在家長的理想、願望構成的「蜘蛛網」之中。這樣，家長「望子成龍」的思想是「中國人是他父母的兒子而不是他自己」的第二層含義。

子女找對象要聽父母的

馮友蘭曾經指出：

> 　　民初人常說，在舊日底社會中，人不是他自己，而是他的父母的兒子；他結婚並不是他自己結婚，而是他的父母娶兒媳。照民初人的看法，在這種情形下，當兒子底，固然不自由得可憐，當父母底，也未免專制得可恨。但是我們若知以家為本位底社會的經濟制度，我們可見，這些都是應該如此底。誰也不可憐，誰也不可恨。（馮友蘭，1938/2007, 169）

　　馮友蘭接着說，在以家庭為基本經濟單位的社會裏，一家的人都直接或間接地參與生產，或種田，或開鋪子等等。這樣，父母為其子娶妻，其意義並不僅是為其子娶妻。他們是為他們的家接來一個共同生活的新成員，一個幹活的人，一個助手。因此，他們的兒媳，要由他們來選擇。所以他們的眼光，至少不能全部放在兒子的愛情上。這就是為什麼賈母為賈寶玉選了薛寶釵而不是林黛玉的緣故。薛寶釵少年老成，當然比多愁善病的黛玉，能持家、能「立門戶」。

　　梁漱溟說，「西洋視婚姻為個人之事，恆由男女自主之；中國則由親長作主，視為家族之事。（梁漱溟，2010，94）古往今來，中國有多少包辦婚姻！父母為兒女包辦婚姻或干涉兒女婚姻，就是「中國人是他父母的兒子而不是他自己」的第三層意思。

　　一種思想是在一定的經濟制度中產生的，但當新的經濟制度誕生以後，原有的思想並不立即消失，它仍在社會上流傳一段時間，影響着人們的思考。即使在今天，沒有父母的同意，許許多多的年青人依然不能與心

上人結婚！

《北京晚報》（2012, 2, 7）有一個討論：「戀愛究竟是誰的事？」

> 兒子小管說，「我都 27 歲了，還不知道自己喜歡什麼樣的女孩嗎？！……我知道我爸媽喜歡什麼樣的女孩。我媽一直給我灌輸：……一定要模樣超群且門當戶對——其實就是家庭背景能拿出來顯擺。」
>
> 小管媽媽說，「除了我這個在事業單位辦公室做主任的媽，小管他爸更是知名企業的總裁。我們家可能讓他隨便娶個女孩進門嗎？……他娶的是管家的媳婦，沒有我們認可，別想得到支持！」

小管父母雖然生活在 21 世紀，但婚姻觀念還是民國初年的：兒子結婚並不是他自己結婚，而是他的父母娶兒媳。（馮友蘭，1938/2007, 169）

「非誠勿擾」節目主持人孟非也說過，在溫州那個地方，做生意的人很多，資產在 10 億、20 億以內的都不好

意思說自己是做生意的。那地方的年輕人，平時可以交許多女朋友，但是，到了要娶媳婦那天，你必須聽父母的：我讓你娶誰，你就得娶誰。為什麼呢？我們家的買賣一定要和另一家企業聯姻。如果不聽話，老爺子一個電話，就把兒子的信用卡給停了，兒子三天都活不了。在這種情況下，做兒子不得不乖乖地聽話。（2016.5）

2015 年外國媒體這樣描述中國青年的婚姻狀況：「儘管中國年輕人或許正在稍微延長他們的單身生活，但在婚姻問題上，事實證明傳統思想是難以撼動的。很多父母實際上對子女的婚配擁有否決權。如果一位男性追求者缺乏現代形式的『聘禮』——一套房產，女方父母往往會行使他們的這一權力。」（《參考消息》，2015, 4, 9）

另外，在父母催婚的情況下，男女青年租對象回家過年的新聞不在少數。

2016 年春節前夕，北京東直門地鐵站的一幅反逼婚廣告讓許多人記憶深刻，成員達一百多人的「反逼婚聯盟」，第一次走進公眾視野。華中師範大學性學教授彭曉輝認為，「逼婚」和「反逼婚」現象，反映出中國兩代人

的觀念衝突。「在中國，結婚不是個人的事兒，而是家庭的事兒。很多父母都是窮盡家庭的力量來促成婚姻。另外，中國人傳宗接代的家庭理念強烈，也導致了特有的『逼婚』現象。」（謝殊青，《南方周末》，2016, 5, 19）

四、基於天人合一

「中國人是他父母的兒子而不是他自己」是小農經濟的產物，小農經濟要求一家人相互依賴，不然，個體無法生存。當然，「中國人是他父母的兒子而不是他自己」還有它的哲學基礎，它是天人合一的中國哲學的產物。

哲學家馮友蘭繼承了中國天人合一的傳統思想並進一步闡述了人與社會的關係。他說：

> 個人是社會的一部分，人與社會的關係就是部分與整體的關係。就普通常識來說，部分的存在似乎先於整體，可是從哲學來說，應該先有全體，然後始有個體。例如房子中的支「柱」，是有了房子

以後，始有所謂「柱」，假設沒有房子，則「柱」
不成為柱，它只是一件大木料而已。同樣，人類在
有了人倫的關係以後，始有所謂「人」，如沒有人
倫關係，則人便不成為人，只是一團血肉。不錯，
在沒有社會組織以前，每個人確已先具有一團肉，
可是我們之成為人，卻因為是有了社會組織的緣
故。（馮友蘭，2007, 53）

那麼，中國的社會組織是怎樣的呢？馮友蘭說，
「中國的社會制度便是家族制度。傳統中國把社會關係歸
納成五種，即君臣、父子、昆弟、夫婦、朋友。在這五
種社會關係中，三種是家庭關係，另兩種雖不是家庭，
卻也可以看作是家庭關係的延伸。譬如君臣關係，被看
成是父子關係；朋友則被看作是兄弟關係。」（馮友蘭，
1948/2004, 18）

這樣，就像外國學者金（King）說的那樣，「傳統上
中國人極少認為自己是一個孤立的實體。他是他父親的兒
子，他兒子的父親，他哥哥的弟弟……換句話說，他的家

庭的一員。作為一個具體的個人，他生活在、活動在家庭的天然環境中，這就是他的存在。」（King, 1985, pp. 59）

按照馮友蘭的說法，一根「柱子」離開了房子便不成為「柱子」，它只是一件大木料而已；同樣的邏輯是，一個「人」離開了家庭便不成為「人」，它只是一團血肉而已。

這樣，中國的「人」的概念是由人與人之間的關係定義的。因此，「人不能單獨存在；所有的人的行動一定以人與人之間的交互作用形式存在的。」（胡適，1929/2006, 107）

這些思想從哲學上解釋了，為什麼每一個中國人只是父母的兒子。

小結

總之，「中國人是他父母的兒子而不是他自己」的說法源自《孝經》，它是小農經濟的產物，體現的是天人合一的哲學。說「中國人是他父母的兒子而不是他自己」，實際上就是說，中國人不是獨立的個體，他永遠是家庭

的一員，而家庭、家族的成員必須相互依賴。

作家楊爭光 2010 年發表了小說「少年張沖六章」，小說以少年張沖的成長軌跡為線索，折射中國傳統文化及中國式教育對孩子的不當影響和干擾，表達他的沉思：在我們的文化裏，少年張沖和我們一樣首先不屬於他自己，或者，乾脆就不屬於自己。他屬於父母，屬於家庭，屬於親人，屬於集體，最終屬於祖國和人民。（楊爭光，2010, a, 266 頁）

楊爭光對中國人的觀察與思考和美國社會心理學家尼斯貝特對中國人的觀察與思考是相同的：

> 對每一個中國人來說排在第一位、最重要的是一個集體或幾個集體（家族、村子、尤其是一個家庭）中的一員。個體並不像希臘人那樣是在各種社會環境中保持着個體特徵的獨立單元……希臘人追求個人自由的意識，中國人是沒有的。（尼斯貝特，2006, 1–4）

楊爭光還說，我寫張沖，但我寫的是中國人的普遍

處境。（楊爭光，2010, b）在 2012 年倫敦奧運會上受傷的劉翔被他的母親喻為「國家的兒子」，是對楊爭光「我寫的是中國人的普遍處境」的說法的最新例證。劉翔及其團隊在明知劉翔腳有傷的情況下，按照領導「力爭金牌」的指示，拚命一搏。結果劉翔在跨第一欄時就摔倒在地，後來劉翔單腿跳到終點，全場觀眾為之動容。劉翔無法做自己，劉翔母親說，劉翔是國家的兒子！

參考文獻

胡適. 中國哲學史大綱. 北京：團結出版社，1918/2006.

馮友蘭. 理想人生. 北京：北京大學出版社，2007.

馮友蘭. 中國哲學簡史. 北京：新世界出版社，2004.

梁漱溟. 中國文化的命運. 北京：中信出版社，2010.

費孝通. 鄉土中國 生育制度. 北京：北京大學出版社，1947/2009.

葉光輝. 孝道的心理與行為. 楊國樞，等. 華人本土心理學. 台北：遠流出版事業股份有限公司，2005：293-330.

陳志武. 金融的邏輯. 北京：國際文化出版公司. 2009.

陳志武答記者. 北京晚報，2009-08-24.

楊爭光. 少年張沖六章. 北京：作家出版社，2010.

楊爭光答記者. 北京晚報，2010-11-02.

King A.Y.C. *The Individual and Group in Confucianism*: *A Relational Perspective*. In Munro, D (Ed.), *Individualism and Holism*: *Studies in Confucian and Taoist Values*. Ann Arbor, MI: University of Michigan Press. 1985, 57-70.

Liu F. *Negotiating the filial self*: *Young-adult only-children and intergenerational relationships in China*. Young-Nordic Journal of Youth Research, 2008, 16(4), 409-430.

Sabet D. *Confucian or Communist*, *Post-Mao or Postmodern*? *Exploring the Narrative Identity Resources of Shanghai's Post-80s Generation*. Symbolic Interaction, 2011, 34(4): 536-551.

第五講

自我中包括母親

　　在第四講我們討論了「中國人是他父母的兒子，而不是他自己」，這個說法表明，中國人是父母的一部分。由此，我們也很容易理解，父母是中國人自我的一部分。對中國人來說，自我與父母的心理表征是重合在一起的。下面，我們用心理學實驗證明，中國人的自我包括母親。

　　由於自我處在一個人經驗中的核心地位，因此，自我對一個人的全部行為（注意、知覺、認知、情緒、動機、關係以及團體過程）都有深刻地影響。

　　記憶是認知的一個重要部分，大量的記憶研究證據表明，中國人的自我包括母親。

一、自我參照效應

自我參照效應（Self-reference Effect）是研究自我影響記憶的一種方法，或稱實驗範式。實驗是這樣進行的：被試坐在計算機屏幕前，計算機逐個呈現一系列的人格形容詞，如勇敢的、勤勞的、不講衛生的等等。

在自我參照實驗條件下，被試的任務是判斷這些人格形容詞是否適合描述自己。

他人參照：被試的任務是判斷這些人格形容詞是否適合描述一位公眾人物。如美國總統（或中國作家魯迅）；

母親參照：被試判斷人格形容詞是否適合描述自己的母親。被試按鍵作「對或錯」的回答。

學習完呈現的人格形容詞之後，對被試進行記憶測驗。記憶測驗時心理學家提供給被試的人格形容詞中，一半是被試剛才學習過的，一半是新詞。隨機逐個呈現人格形容詞，要求被試盡可能多地認出他／她剛才學習過（判斷過）的單詞。然後將被試正確認出來的人格形容詞歸類，看認出的形容詞是屬於自我參照、他人參照或

母親參照。

以西方人為被試的結果如下：

a. 自我參照條件下的記憶成績優於他人參照。這就是說，凡是與自我掛鈎的人格形容詞記得比與公眾人物掛鈎的好。

b. 母親參照的記憶成績比自我參照的差（見表 5.1）。

表 5.1　自我參照效應（英國人）[1]

學習任務	記憶成績（%）
自我參照	50
母親參照	28
美國總統參照	28

朱瀅等人（Zhu & Zhang, 2002）使用中國人為被試進行自我參照效應研究的結果不同於以西方人為被試的結果。他們發現，雖然中國人自我參照的記憶成績優於他

1　Conway, M. A（Private Communication in 2000）

人參照，但是，中國人母親參照的記憶成績與自我參照的類似。例如，自我參照 0.84，母親參照 0.83，魯迅參照 0.70。（見表 5.2）

表5.2　自我參照效應（中國人）[1]

學習任務	記憶成績（％）
自我參照	84
母親參照	83
魯迅參照	70

上述研究有兩方面的意義：

一是證明了記憶與自我有密切的關係。

在日常生活中，我們每時每刻接觸到大量的信息，但自我像是一個過濾器，只保留那些與自我有關的信息，而濾掉那些與自我無關的信息。這解釋了為什麼自我參照的記憶優於他人參照的記憶。

二是說明自我概念有文化差異。

中國人的自我概念包括母親，母親就是自我的一

---

[1]　Zhu&Zhang, 2002

部分。因此，與母親有關的信息就像與自我有關的信息一樣，得到保留，這導致母親參照的記憶成績與自我參照一樣好。但西方人的自我概念不包括任何其他人，所以，西方人的自我參照的記憶優於母親參照，對於西方人的自我來說，母親與克林頓處在同樣的地位，即都在自我之外。

二、提取誘發遺忘

心理學把記憶過程區分為三個階段：首先是對材料的學習，或對信息的編碼加工；其次是信息的存儲階段；第三是把存儲的信息提取出來，即回憶出來，認出來。

提取誘發遺忘（Retrieval-induced Forgetting）指的是，當一個人提取存儲着一部分信息 A 時，同時也抑制（壓抑）了存儲着的另一部分信息 B，導致不能提取 B。（Anderson et al.，1994）但是，後來的研究表明，在要求西方被試對材料進行自我參照加工的條件下，沒有出現提取誘發遺

忘，而好朋友參照和他人參照（公眾人物參照）加工的條件下都出現了提取誘發遺忘。（Macrae et al., 2002）

關於這一結果，可以解釋為：自我是一個獨特的認知結構，與自我有關的記憶內容對於個人有着特殊重要的意義，因此在自我參照加工條件下記憶材料會得到精細的獨特性加工，所以對這部分材料進行提取時不會對其中的任何部分產生抑制，也就不會出現提取誘發遺忘現象；而在好朋友參照和他人參照條件下，材料得不到像自我參照條件下的獨特性加工，所以會導致提取造成的遺忘。

總之，自我參照沒有出現提取誘發遺忘表明，自我參照在記憶的提取階段的優勢。而上一節自我參照效應中自我參照的記憶優於他人參照的記憶則表明，自我參照在記憶的編碼加工階段的優勢。

楊紅升等人（2004）從中國人的互倚型自我不同於西方人的獨立型自我出發，設想不僅中國人的自我參照不會出現提取誘發遺忘，（這與西方人的自我參照結果一致），而且母親參照也不會出現提取誘發遺忘，因為中國人的

自我包括母親。

實驗結果證實了設想的正確性，即對中國人來說，母親參照的確不會出現提取誘發遺忘。用幾個例子說明實驗結果，大致是這樣的：

① 自我參照：當被試回憶（提取）出「我昨天買了一個籃球」時，被試也能回憶出「我大前天買了一隻台燈」。

② 母親參照：當被試回憶出「我媽媽在報攤上買了一份雜誌」時，被試也能回憶出「我媽媽上星期買了一對燈籠準備過年」。總之，提取自我參照加工的材料和母親參照加工的材料，不會造成遺忘。

③ 他人（趙忠祥）參照：當被試回憶出「趙忠祥前天在書店簽名售書」時，被試多半會忘了「趙忠祥昨天在露天籃球場打球」。換句話說，被試提取他人參照加工的某部分材料時，會對他人參照加工的另一部分材料造成遺忘。

三、關於母親的聯想

當一個人回答「我是不是勇敢的？」問題時，美國心理學家克雷恩等人（Klein et al., 2001）假設會有兩種應對辦法。一種辦法是在語義記憶中尋找關於自己的概要信息，即一般說來我是勇敢的，我是守時間的，我不勤快等等。

另一種辦法是在情景記憶中尋找一個例子來說明，我是不是勇敢的。例如，有一次我看見幾個小流氓欺負一個女孩，我勇敢地保護小女孩。構築語義記憶的人格特質概要信息庫只有在情景記憶中的具體行為例子足夠多時才會產生。例如，我有 2-3 次勇敢的行為之後，我才能認為，一般來說我是勇敢的。

還有，人格特質概要信息庫的建立並不消除情景記憶中證明我勇敢的例子，勇敢的概要（抽象）信息與勇敢的例子可以並存。一個人有越多的關於某個人的行為知識，則越有可能形成某人的人格特質概要信息庫，從而更少地依賴具體事例回答問題。

一般來說，當回答「我是不是勇敢的？」問題時，人們先從人格特質概要信息庫尋找，因為這可以快速地獲得相關信息。如果我的人格特質概要信息庫中有「勇敢的」，我很快就回答了問題；如果概要信息庫中沒有「勇敢的」，我就要從情景記憶中尋找我不勇敢的例子，然後回答：我不勇敢。簡言之，特質概要的存在有助於提高判斷的速度，而情景記憶的例子有助於提高判斷的準確性，因為特質概要只提供了平均的情況，它沒有告訴我們在什麼情況下偏離平均。

克雷恩等人（Klein et al., 2001）的實驗結果表明：

① 西方人對自我的人格特質形成了概要信息庫，而且，這種概要信息庫包括高頻率、中頻率與低頻率使用的人格形容詞。這表明，西方人對自我是非常熟悉的。

② 西方人也形成了母親的人格特質概要信息庫，但這個信息庫只包括高頻率使用的人格形容詞。換句話說，西方人只對經常觀察到的母親的行

為形成了人格特質概要信息庫。要求西方人對母親不常見的人格特質作判斷時，他們只能從關於母親的情景記憶中搜索具體的行為例子來回答。

張力等人（2005）使用中國人作被試重複克雷恩等人（Klein et al., 2001）的實驗，目的是驗證如下構想：如果中國人的自我概念包含母親，那麼，中國人針對母親的高、中、低頻的特質概要信息庫都可以形成，而不是像美國人那樣只在高頻情況下才形成。

實驗結果表明，中國人對自我和母親人格特質的加工過程具有一致性，自我和母親在語義記憶中的特質概要信息庫在高、中、低頻率上都可以形成。因此，中國人針對母親的人格特質判斷可以直接由語義記憶獲得。而克雷恩等人證明，西方人關於母親只形成了高描述程度（經常使用的）的人格特質概要信息庫。因此，如果要求西方人進行針對母親的中等或低等描述程度人格特質作判斷時，他／她必須從情景記憶中去尋找具體事例。

這就是中國人關於母親的聯想不同於美國人的地

方。換句話說，中國人對母親的熟悉程度遠高於美國人對母親的熟悉程度。

小結

以上三類記憶實驗結果說明，中國人的自我包括母親。這些結果包括：母親參照的材料與自我參照的材料記得一樣好；母親參照的材料與自我參照的材料一樣，不會產生提取誘發遺忘；母親與自我一樣，在語義記憶中的人格特質概要信息庫在高、中、低頻率上都可以形成。總之，中國人記憶中母親和自我的作用（角色）是完全一致的，但西方人記憶中自我的作用大於母親。

總之，雖然中國人的自我包括他人在別處已有論述（Heine, 2001; Yang, C. F, 1991），楊宜音（Yang, Y, 2010），也提出過中國人的自我是家庭自我的說法，但上述的記憶研究首次用實驗的方法證明，中國人的自我包括母親，為中國人家庭自我提供了新的論證。而且，或許更重要的是，用實驗方法證明中國人的自我包括母親，為神經

科學在大腦中尋找中國人的自我表征與母親表征奠定了基礎。這部分內容我們將在第八講敘述。

參考文獻

楊紅升，朱瀅. 自我與提取誘發遺忘現象. 心理學報，2004(2)：154-159.

張力. 中國人關於母親的聯想不同於美國人. 北京大學學報（自然科學版），2005(6)：941-949.

Anderson M.C., Bjork R.A. & Bjork E.L. *Remembering can Cause Forgetting*: *Retrieval Dynamics in Long-Term Memory*. Journal of Experimental Psychology: Learning Memory and Cognition. 1994,20(5): 1063-1087.

Conway M. A. Private communication in 2000.Heine S.J. *Self as Cultural Product*: *An Examination of East Asian and North American Selves*. Journal of Personality, 2001, 69(6):881-906.

Kitayama S. & Uskul A.K. *Culture*, *Mind*, *and the Brain*: *Current Evidence and Future Directions*. Annual Review of Psychology, 2011,62: 419-449.

Klein S.B., Cosmides L., Tooby J. et al. *Priming Exceptions*: *A Test of The Scope Hypothesis in Naturalistic Trait Judgments*. Social Cognition, 2001, 19(4): 443-468.

Macrae C.N. & Roseveare T.A. *I was always on My Mind*: *The Self and Temporary Forgetting*. Psychonomic Bulletin & Review, 2002, 9(3):611-614.

Markus H.R. & Kitayama S. *Culture and The Self: Implications or Cognition*, *Emotion*, *and Motivation*. Psychological Review, 1991,98(2): 224-253.

Markus H.R. & Kiayama S. *Culture*, *Self*, *and the Reality of the Social*. Psychological Inquiry, 2003, 14(3-4): 277-283.

Markus H.R. & Kitayama S. *Cultures and Selves*: *A Cycle of Mutual Constitution*. Perspective on Psychological Science, 2010,5(4): 420-430.

Yang C.F. *A Preliminary Analysis of the Chinese Self*: *Theoretical Considerations and Research Direction*. In: C. F. Yang & H. S. R. Kao, eds, *Chinese People*, *Chinese Mind*, *Personality and Social Psychological Perspectives*, Taipei, Taiwan: Yuanliu Publishing Co.1991, 93-145.

Yang Y., Chen M., Chen W., Ying X., Wang B., Wang J. & Kolstad A. *Effects of Boundary-Permeated Self and Patriotism on Social Participation in The Beijing Olympic Games*. Asian Journal of Social Psychology, 2010, 13: 109-117.

Zhu Y. & Zhang L. *An Experimental Study on the Self-Reference Effect*. Science in China, Series C: Life Sciences, 2002, 45: 120-128.

第六講

辯證的自我

一、東西方世界觀與自我概念

美國社會心理學家尼斯貝特（R. Nisbett）和他的學生長期以來致力於研究東西方世界觀的差異，他的中文譯著《思維的版圖》（中信出版社，2006）總結了他們的研究成果。在這本書的封面寫着：東方人見森，西方人見木。的確，這句話高度概括了東西方世界觀的差別。

西方人的思維可以看做是分析性的，即他們注意的是一些獨立於背景的物體；他們進而評估物體的性質並按性質將物體分類，這樣做的目的是發現制約物體運動的規律。這些規律有時十分抽象叫做邏輯規律。由於這些規律制約着物體的運動，一個人掌握了這些規律就可以預期

物體的運動，因而西方人具有控制物體的感覺與想法。

　　與西方人相反，東南人（中國人，日本人和朝鮮人）的思想是整體性的，即他們注意的是物體所在的場所和背景；物體、事件之間的關係也為東南人所重視，但物體的性質與分類則被忽略了。由於缺乏對物體運動規律的了解，中國人相對說來也缺乏個人主宰和控制的感覺。代替邏輯規律的是辨證的思維，包括在明顯矛盾的兩極之間找到「折衷」（middle way），以及認識到在對物體和個體決策時背景或環境的重要性。（Nisbett & Masuda, 2003）

　　下面舉一些心理學、神經科學的實驗來證明上述論點。

注意物體還是關係或背景

　　北山志等人（Kitayama et al., 2003）進行了一個棒框實驗來測量整體性對分析性（holistic versus analytic）的知覺。（見圖 6.1）被試是美國學生和日本學生。

　　大方形每邊 90mm，其中直線長 30mm 即是大方形高的 1/3。首先呈現這個大方形和其中的直線給被試。然後要求被試做兩件事。

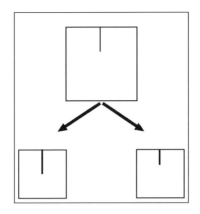

圖 6.1　棒框實驗（Kitayama et al, 2003）

　　① 絕對任務。要求被試以上面大方形中的一條
直線為標準，在左邊的小方形中畫一條直線與大方
形中的直線一樣長（30mm），這叫絕對任務，即畫
直線要獨立於小方形這個背景。

　　② 相對任務。要求被試以大方形與直線為標
準，在右邊的小方形中畫一條相應的直線，使所畫
直線與小方形高的比例與大方形高與直線比例相
等，這叫相對任務，即畫直線要考慮小方形這個背
景。實際上就是要求被試在右邊小方形中畫一條等
於小方形高的 1/3 長的直線。

實驗結果表明，美國學生在絕對任務中做得比相對任務更好，而日本學生在相對任務中做得比絕對任務更好。這說明日本學生比美國學生更注意方形這個背景，或者說，在畫線時日本學生更能夠結合（體現）背景信息；而美國學生在畫線更能夠忽略背景信息。

總之，在對一個客體作判斷時（例如，在上述實驗中對畫好的一條直線作判斷長短是否合適），日本人關注客體的背景，而美國人關注客體本身。

在北山志等人（Kitayama，et al., 2003）的結果發表三年之後，岡切斯等人（Gutchess，et al., 2006）發表了關於文化對物體加工影響的腦成像研究。參加岡切斯實驗的有中國學生 11 名（五名來自香港，六名來自中國大陸，他們在美國留學的平均時間為 2.5 年），美國學生 11 名。實驗中使用的刺激圖形有三類。（見圖 6.2）

實驗是這樣進行的：將三類圖形各 40 張共 120 張隨機通過計算機呈現給被試，每張圖形呈現四秒，要求被試按鍵回答（判斷），他／她對圖形喜歡，不喜歡或無所謂（中性）。在被試看圖形開始到做出回答期間，功能磁

圖6.2　岡切斯等人（2006）的實驗用圖示意

共振成像系統（fMRI）對被試的大腦進行掃描。

　　對圖形按鍵判斷結束後休息 10 分鐘，然後進行再認測驗，研究者將見過的 120 張圖片與新的 120 張圖形（每類圖形 40 張）隨機混合，一次一張地呈現給被試，要求被試回答，他／她是否剛才見過該圖形。

　　實驗結果表明，中美學生在三類圖形的再認測驗中無差別，換句話說，對中國或美國學生來說，學習與記憶這些圖形難度是相等。但是，腦成像的結果卻顯示，與中國學生比較，美國學生頭腦中有更多的腦區參與了對客體的加工，這些腦區包括雙側顳中回，左側頂（parietal）／角（Angular）區，以及右側顳上回。但參與背景加工的腦區，中美學生的區別不大。

　　總之，這個實驗說明，美國學生比中國學生在對客

體加工時激活了更多的腦區，證明文化的確在塑造我們大腦的功能，在塑造我們認識世界的方式。不同的文化有不同的認識世界的方式。

對事物進行分類

把雞、草、牛三張圖片放在一起，讓美國小朋友和中國小朋友作判斷，哪兩張圖片放在一起最合適。美國小朋友多半把雞和牛放在一起，因為它們都是動物；中國小朋友多半把牛與草放在一起，因為牛吃草。

換句話說，中國小朋友根據事物的關係來分類，而美國小朋友根據事物的屬性、性質分類。

另一個實驗是叫被試報告，圖 6.3 中下面的植物（Target object）是與左邊的植物（Group 1）相像還是與右邊的植物（Group 2）相像。被試有三類：歐美大學生，亞洲留美學生和東南學生。

結果是，近 70% 歐美學生認為下面的植物與右邊的植物相像，因為下面的植物與右邊的植物共有直的莖，這一特徵把它們聯繫在一起了；而近 60% 的東南學生認

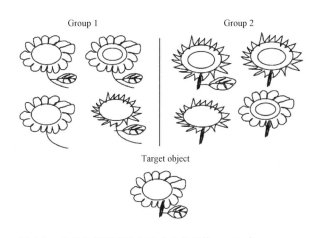

圖 6.3　相似性歸類實驗用圖（尼斯貝特，2006）

為下面的植物與左邊的植物相像，因為下面的植物與大部分左邊的植物（3/4）有類似的花瓣，與大部分左邊的植物（3/4）有類似的葉子。換句話說，東南學生以兩者相似的部分（花瓣和葉子）的多少來判斷是否相像。而亞洲留美學生的反應則處在歐美學生與東南學生之間。

實際上，右邊的四張圖與下面的圖共有一根直莖，這一單一維度的規律性的東西（A Unidimensional Rule）把兩者聯繫起來了，而左邊的四張圖與下面的圖整體上較為類似（大部分花瓣和葉子都相似）。歐美學生更多地以單一

維度的規律性作為分類的依據，而東南學生更多地以整體上的類似性作為分類的依據。

事物是變化還是穩定的？

西方人在他們的世界中看到穩定性（Stability），而中國人在他們的世界中看到變化（Change）。這種差別可能與西方人關注客體而中國人關注背景有關。

如果一個人注意焦點上的物體及其性質，並把物體按性質分類（category），進而尋找抽象而靜態的規律，那世界對他來說自然就顯得穩定。然而，如果一個人主要注意多個物體及其關係，那世界對他來說自然就顯得處在不斷的變化之中（Nisbett & Masuda, 2003）

季麗君等人（Ji et al. 2001）系統地通過實驗比較了中國人與美國人對變化的看法。我們在這裏僅介紹她們的兩個實驗。

一個實驗考察是否中國人比美國人更多地預期事情會發生變化。參加實驗的有北京大學的學生 63 名以及美國密西根大學的學生 56 名。實驗材料為下面四段短文：

a. 露西（女）和傑弗（男）都是同一所大學的高年級學生，他們戀愛已有兩年時間。你預期他們畢業之後吹的可能性有多大？

b. 兩個小孩在幼兒園打架。你預期某一天後他們成為戀人的可能性有多大？

c. 查理出身貧寒家庭但勉強上了大學。你預期他將來有一天變成富人的可能性有多大？

d. 文森特高中期間三年一直是國際象棋冠軍。你預期在下一次對抗賽他輸的可能性有多大？

實驗中，美國學生用英文進行，中國學生用中文進行。對每個問題作判斷的可能性從 0% 到 100%。實驗結果見表 6.1，可以看到，中國學生比美國學生更多地認為事情在將來總是要發生變化的。

另一個實驗考察中國人是否比美國人更有可能預期，某種正在進行的變化將要發生變化，或者說，已有的變化趨勢將會改變。被試是 75 名美國學生和 58 名中國學生。實驗與實驗結果見圖 6.4。實驗是這樣進行的：

表 6.1　美學生預期變化的比較（%）

問題	中國學生	美國學生
a	60.46	40.43
b	66.48	52.89
c	42.71	22.3
d	52.71	29.49

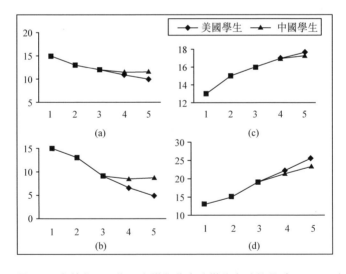

圖 6.4　中美學生預期現有變化將會改變的實驗結果（Ji et al., 2001）

給被試呈現（a）（b）（c）（d）圖中的頭三個黑方塊，要求被試按自己對頭三個黑方塊形成的變化趨勢的理解，填上 4 與 5。（a）代表負加速的衰退，（b）代表正加速的衰退，（c）代表負加速的增長，（d）代表正加速的增長。實驗結果中，美國學生填的 4 與 5 處用黑菱形表示，中國學生填的 4 與 5 用黑三角表示。

實驗結果說明，中國學生更傾向於已有的趨勢要發生變化。例如，（a）中，美國學生的黑菱形與原來的三個黑方形形成一致的變化趨勢，（負加速衰退），而中國學生的黑三角使整條曲線抬高了，即 4 與 5 處的黑三角改變了頭三個黑方塊的走向。

又例如，（d）中，美國學生的黑菱形與原來的三個黑方塊形成一致的正加速增長趨勢，而中國學生的黑三角使整條曲線降低了，即 4 與 5 處的黑三角改變了頭三個黑方塊的走向。

上述兩個實驗說明，中國人比美國人更傾向於預期事物會發生變化。

總之，西方人更關注單個的客體，並按客體的性質

對事物進行分類，從而尋找事物抽象和不變的規律，因而西方人眼中的世界多為恆常的；而東南人更關注客體之間的關係以及客體的背景，並從整體上的類似性把握和認識客體，因而東南人更傾向於世界是變化的。

二、中國人自我的辯證性質

樸素辯證法（Naive Dialecticism）是理解自我的文化差別的新途徑，它不同於從價值觀念的角度（個人主義──集體主義），或從自我結構的角度（獨立型自我──互倚型自我）來理解自我的文化差別。（Triandis, 1995; Markus & Kitayama, 1991）例如，自我結構的角度把自我與他人的關係作為區分獨立型自我與互倚型自我的標準，但樸素辯證法把自我關聯於天地萬物。

在回答「我是誰？」的問題時，東南人常常說，「我是人」。這樣的回答反應了東南人具有的樸素辯證法的思想──整體論的思想：在天地萬物中我是人。而用自我與他人的關係作為標準，就不好解釋「我是人」這種回答的意義。

斯賓塞－羅傑斯等人（Spencer-Rodgers et al, 2009）對中國人自我的辯證性質進行了一系列的研究。在這裏介紹其中的三個實驗。

自我概念中的矛盾

斯賓塞－羅傑斯等人假定，由於中國人具有樸素辯證法思想（道家的陰陽；「塞翁失馬」的故事等），中國人會有較西方人更多的關於自我的矛盾説法，更多的關於自我動態變化的説法，以及更多的從整體上敍述自我的説法。

實驗一對這種假定進行了檢驗。參加實驗的有北京大學的學生 95 名，美國加州大學伯克利分校的歐美學生97 名。實驗是這樣進行的：對「我是誰？」這個問題，每個學生寫出 20 句話作回答。然後將回答分成三類：矛盾的，變化的和整體的（見表6.2）

對表 6.2 有一些説明。對自我作動態變化的描述如「我儘量不説謊」，不同於靜態的描述「我是老實人」。整體型的自我描述指把自我與萬事萬物聯繫起來，或將人類與整個生物界聯繫起來，如「最重要的是我是一個

表 6.2　辯證底編碼方式

分類	例子
矛盾	我通常懶散但有時勤快；我對生活熱情又鬱悶不樂。 我重實踐也愛夢想；我愛助人有時也自私。 我不是一個好學生；我不是來自富有家庭。
變化	我比過去胖些；我有女朋友了。 我還在學習滑雪；我正在決定上哪個班級。 做完這件事我就回家；四月份我就要 19 歲了。 我在找一位女朋友；我想有個家。 有時候我瞎花錢；在許多人面前我害羞不知道怎麼才好。
整體論	在宇宙中我是一個微不足道的人；我是人類。

生物體」。變化的觀念反映在自我描述中，表現為自我在時間、地點、場合或程度上的變化。如「在老同學面前我是友好的」，「我多少有些害羞」，「我現在胖些」。

實驗一的結果表明，中國學生比美國學生在自我描述中有更多的矛盾說法，有更多的動態變化的說法，有更多的整體性的說法。例如，美國學生更傾向於直接或肯定地說「我是友好的」；但中國學生常常通過否定的方式來表達我不害羞。

這種通過否定定義（Definition by Negation）的方式表

明，中國人頭腦裏有很多關於自己的矛盾説法會自動地從記憶中提取出來。

自我概念的內隱測量

在實驗一中，中國和美國學生對「我是誰？」這個問題做出回答，有人會懷疑這種實驗方式不能真實地反映中美學生的差別，所得結果可能反映了中美學生談論自己時的表述風格上的差別。

為了排除這種懷疑，斯賓塞－羅傑斯等人在實驗3採用一種內隱的（implicit）即無意識的方式來進行測量。

實驗三的被試包括47名北京大學的學生和42名美國加州大學伯克力分校的歐美學生。學習的單詞包括14對矛盾的人格形容詞（28個）以及32個填充詞（不是兩兩相互矛盾的）。矛盾的人格形容詞例如：智慧的－愚蠢的，努力工作的－懶惰的，可靠的－不能依靠的，熱情的－拘謹的，活躍的－被動的，愛説話的－沉默的。填充詞，例如，浪漫的，揮霍的。

實驗是這樣進行的：被試對每個呈現的單詞作出反

應，即回憶一段與單詞有關的自己的經歷。如：在美國進修期間，我努力工作……；我的初戀……，算不上是浪漫的。見到呈現的單詞，被試必須在 60 秒之內回憶一段自己的經歷，不然，下一個單詞就接着呈現了。對 60 個單詞作記憶之後，接着對被試干擾 5 分鐘（做 4 分鐘算術題，或在打滿數目字的 A4 紙上對 0 和 3 打 $\sqrt{}$），干擾就是指干擾被試對剛才見過的單詞的回憶。

之後，要求被試在 15 分鐘內儘量回憶剛才見過的 60 個單詞，並用幾句話描述一下與該單詞相關的記憶。

實驗結果如下：

① 中國學生比歐美學生記住更多的矛盾人格形容詞。

② 歐美學生比中國學生記住更多的填充詞。

③ 歐美學生記住的矛盾人格形容詞同填充詞一樣多。

④ 中國學生記住的矛盾人格形容詞多於填充詞。

總之，中國學生記住更多的關於自己的矛盾的信息表明，中國學生比歐美學生具有更多的關於自己的矛盾

信息。而且這樣的結果是在回憶單詞及有關記憶的任務中得到的，並不涉及用言語表述，因而用這樣的方式得到關於自我的信息是內隱的，無意識的。

辯證法與自我概念的矛盾

上述實驗一與實驗三表明，中國人比歐美人有更多的關於自我的矛盾敘述。實驗五的目的是直接測量辯證法思想與自我概念矛盾性的關係。被試包括 157 名中國學生（北京大學），78 名亞洲留美學生及 53 名歐美學生（美國加州伯克力分校）。

首先對被試的辯證法思想進行測量。對 32 個項目做 1（非常不同意）到 7（非常同意）的評定。項目的例子如：「我聽着雙方辯論，常常覺得雙方都有理」；「我有時相信兩個事物是相互矛盾的」；「我通常發現我的信念和態度在不同場合發生變化」。

其次，對被試的人格特點作評定：對 49 個單詞，包括矛盾的人格形容詞以及不矛盾的人格形容詞是否適合自己做判定，評定等級從 1（完全不適合）到 9（非常適

合）。矛盾的人格形容詞舉例如下：愛說話的－沉默的，富有想象力的－沒想象力的，現代的－傳統的，邏輯的－情緒的，好交際的－害羞的，現實的－理想的，愚蠢的－聰明的，決意的－隨意的，以及有組織的－無組織的。

實驗結果表明：

　　①　在辯證法思想測量上，中國學生和亞洲留美學生高於歐美學生。

　　②　在人格特點評定上，中國學生和亞洲留美學生更多認同對自己的矛盾的敘述。

綜合①與②的結果，我們可以說，具有更多辯證法思想的中國學生與亞洲留美學生更多地認同自己是一個矛盾的結合體。

小結

實驗一要中美學生用 20 句話來描述自己，回答「我

是誰？」的問題，結果表明，中國學生比美國學生關於自己的描述具有更多矛盾的、變化的以及整體論的性質；實驗三以一種內隱的，無意識的方式重複了實驗一的結果；實驗五直接測量辯證法思想與自我概念矛盾性之間的關係。

結果表明，中國學生比歐美學生具有更多辯證法思想，他們的自我概念中也具有更多矛盾的成分。

總之，如果用中國學生代表中國人的話，我們可以說，中國人的自我具有辯證的性質，包括中國人能容忍、承認矛盾的事物（A 同時也是非 A），預期變化（事物發展到一定程度自然會變化）和從整體性上看問題（個人自我不僅同他人有關，也同天地萬物有關）。

簡言之，中國人的自我是陰陽的自我。

自我的連貫、一致性（Self-coherence）為西方人看作是理想的境界，並且與幸福感聯繫在一起。連貫、一致的自我為西方人組織經驗，定義一個人的存在，指導社會行為和預期將來提供了保障。

但是，在不同文化中自我一致性的實現方式可能是不同的。在西方，如果一個人具有大量的外向品質，那

麼他必然只有很少的內向品質（大量 A 而很少非 A）。但在辯證的文化中，一個人追求的是平衡（Equilibrium），如果一個人具有大量的品質 A，為了平衡，他必然也追求具有相當數量的相反的品質（非 A）。

平衡就是中國人追求的自我一致性，平衡也同樣為中國人組織經驗，理解自己，指導社會行為和預期將來提供保障。朱瀅等人曾引述物理學家普利哥奇（Prigoine）的話說明，「平衡」的思想對中國人來說非常重要，「平衡」就是中國人追求的理想生活狀態：「西方科學強調原子、分子、基本粒子和生物分子的重要性，通過研究它們去發現事物最終的成因；然而，中國人關於自然的假設建立在『關係』（Relation）之上，自然是一個自組織的物理世界，其變化發展是為了保持它的平衡。」（Zhu & Han, 2008）

參考文獻

［美］理查·尼斯貝特. 思維的版圖. 北京：中信出版社，2006.

Glutchess A.H., Welsh R.C, Boduroglu A. & Park D.C. *Cultural Differences in Neural Function Associated with Object*

Processing. Cognitive and Affective Behavioral Neuroscience, 2006, 6:102-109.

Ji L.J., Nisbett R. & Su Y. *Culture*, *Change*, *and Prediction*. Psychological Science, 2001, 12(6):450-456.

Kitayama S., Duffy S., Kawamura T. & Larse T. *Perceiving an Object and its Context in Different Cultures*: *A Cultural Look at New Look*. Psychological Science, 2003. 14: 201-206.

Markus H. R. & Kitayama S. *Culture and The Self*: *Implications for Cognition*, *Emotion*, *and Motivation*. Psychological Review, 1991,98(2):224-253.

Nisbett R. & Masuda T. *Culture and Point of View*. PNAS, 2003,100, 11163-11170.

Spencer-Rodgers J., Barbara S., Boucher H.C. Mori S.C., Wang L.& Peng K.P. *The Dialectical Self-Concept*: *Contradiction*, *Change*, *and Holism in East Asian Cultures. PSPS, 2009, 35*(1): 29-44.

Triandis H.C. *Individualism and Collectivism*. Boulder, CO：Westview. 1995.

Zhu Y. & Han S. *Cultural Differences in The Self*: *FromPhilosophy to Psychology and Neuroscience.* Social and Personality Psychology Compass, 2/5, 2008, 1799-1811.

雙文化自我

一、雙文化自我的概念

在當今經濟全球化浪潮和多元文化交流的背景下，台灣心理學家陸洛和楊國樞（2008）概述了中國人的雙文化自我：

> 當華人社會從小農經濟的生產系統走進資本主義的工業化生產系統時，當代華人就必須越來越常與其親密關係網絡之外的人互動。因此，在一個繁榮的現代華人社會中，傳統的「互依包容的自我」與現代的「獨立自主的自我」便都有其生存和適應的功能，缺一不可。

　　傳統自我是社會取向的自我（the social-oriented self），它有如下一些特點：

　　① 中國人的自我不僅是個人行為的原始動力，也是現實理想社會的工具。

　　② 中國人自我的終極目標是通過自我修養，自我超越，達到自我與社會的合一。

　　③ 中國人自我的邊界不斷地擴展以包括愈來愈多的他人，這是自我修養的結果。

　　西方人的自我是個人取向的自我（the Individual-Oriented Self），強調個人的天分、潛能、需要和權利，強調個人奮鬥，強調獨立自主的，與眾不同的個性。西方人的自我不包括任何其他人（親屬、朋友等），西方人的自我是與社會的、自然的背景分離、對立的個體。

　　總之，中國人傳統的自我就是儒家傳統的自我，強調人與人之間的聯結與和諧，它類似於互倚的自我（Interdependent Self）；中國人現代的自我就是西方人的自

我，強調自我是獨立自主的，自由的，因而強調人與人之間的分離，它就是獨立的自我（Independent Self）。

陸洛和楊國樞（2008）還指出，隨着台灣社會從傳統農業社會向繁榮的工商社會邁進，西方的價值觀念隨之而來並與中國傳統的價值觀念並存。雖然傳統的中國文化價值（例如，孝和人與人之間的和諧）仍十分流行，但西方的價值觀念，諸如尊重科學，強調獨立，強調個人奮鬥，卻迅速增加其影響，這特別表現在受過高等教育的年輕人和城市居民身上。這樣，在台灣社會就出現了中國人雙文化的自我，即同一個人既有儒家傳統的自我（成分），又有現代西方人的自我（成分）。

中國大陸 1978 年以來實行改革開放政策，1992 年以市場經濟取代計劃經濟，在經濟全球化的有利形勢下迅速崛起，目前在經濟總量上已成為世界第二大國，僅次於美國。

中國正在從傳統農業社會向繁榮的工商社會邁進。在這個過程中農民從農村來到城裏打工（俗稱農民工），他的身影遍佈工廠、建築工地、飯館、城市居民家中（家

政服務）等等地方。他們遇到的大多數人都是陌生人，這些陌生人是他們農村裏熟悉的親密關係網絡之外的人，但他們必須越來越多地與他們打交道。在與陌生人打交道的過程中，農民工必須獨立地處理問題，自己做決定。因為在大多數情況下農村的父母、親屬幫不上忙。久而久之農民工培養出獨立自主的精神，強調個人努力、個人奮鬥是做事成功的關鍵。

這樣，作為農民，農民工保留着儒家的傳統自我，強調孝敬父母，強調鄰里和諧相處，更多地考慮他人、社會的期待；但同時農民工也開始強調自己的願望，自己的權利。因為他們知道，自己的權利、自己的願望是他們能夠在一個競爭的社會裏生存的基礎。這也就是繁榮的工商社會裏獨立自主的自我。

中國大陸經濟上 30 多年來翻天覆地的變化帶來了西方文化迅速的傳播與影響。受過高等教育的年輕人和城市居民比農民更多地接觸到西方文化，更多地受到其影響。因此，像台灣社會一樣，中國大陸社會產生雙文化自我也是自然而然的事情。

二、雙文化自我的測量

中國大陸與中國台灣地區

陸洛和楊國樞使用他／她們構造的量表，對台灣大學生和社區成年人共 839 名進行了雙文化自我的測量。（Lu & Yang, 2006）

測量中「個人取向自我（西方人的自我）」包括四個項目：

獨立性（生活中最大的幸福就是實現自我，實現自己的興趣與願望）；

自我決定（在生活中我自己做重要的決定，不受他人影響）；

競爭（生活中非常重要的是在一切方面都要勝過他人）；

一致性（不論我同誰在一起我的行為舉止是一樣的）。

「社會取向自我（儒家傳統的自我）」也包括四個項目：

情景自我（我認為一個人在不同場合有不同的面孔）；

人與人之間的關係（家庭是生活的基本單元，家庭放在最重要的位置）；

自我修養（我們應該專注於精神上的修養，而不是物質享受）；

社會敏感性（為了保持人與人之間的和諧，我將隱瞞我真實的想法和偏好）。

測量的結果表明，個人取向與社會取向的相關不顯著。這說明這兩種取向的自我在中國人（台灣）身上是存在的，兩者不是同一個東西，是可以清楚地區分的；還有，社會取向的自我明顯強於個人取向的自我。

陸洛等人（Lu et al., 2008）還比較了中國大陸與中國台灣的雙文化自我，得到了有趣的結果（見表 7.1）。

中國大陸有 364 名大學生（來自北京、上海和山東省）和 178 名成年人參加。中國台灣有 884 名大學生和 374 名成人參加。表 7.1 的數字為每個項目的得分。F 代表統計檢驗。* 表示兩數比較有顯著差別（顯著差別的意思是兩數的差別由某種原因造成，不是偶然因素造成的）。例如，在

「個人取向自我」總分上，中國大陸學生 82.58 顯著大於中國台灣 79.97。

表 7.1　中國大陸與中國台灣雙文化自我的比較

自我	類別	中國大陸	中國台灣	F
個人取向自我		82.58	79.97	*
	獨立性	24.81	24.52	
	自我決定	19.99	18.90	*
	競爭	18.32	18.29	
	一致性	19.50	18.26	*
社會取向自我		89.16	89.55	
	情景自我	23.58	24.33	*
	人與人之間的關係	23.08	21.69	*
	自我修養	23.31	22.74	*
	社會敏感性	19.36	20.82	*

從表 7.1 得出的主要結論是：中國大陸個人取向自我強於中國台灣（82.58 統計上顯著大於 79.97）。這一點與有關研究是一致的，反映了中國大陸人急切現代化的心態。但是，兩岸中國人在社會取向自我方面無差別（89.16

與 89.55 在統計無差別）。這可能反映兩岸中國人都受到悠久的中華文明的深刻影響。

　　總之，中國大陸和中國台灣的中國人都有雙文化的自我。

三、中國香港地區

　　在第二講「文化與自我」的「兩種自我結構」一節我們介紹了馬庫什和可塔亞馬（Markus & Kitayama，1991）關於文化與自我的基本觀點，即西方文化下人們大多具有獨立的自我結構，而東南文化下人們大多具有互倚自我結構。跨文化心理學的研究表明，自我的發展就是一種文化適應過程，而語言作為文化的符號系統在其中起着關鍵的作用。

　　已有研究表明，雙語的個體具有兩種分離的自我結構。

　　例如，在中國家庭出生但在加拿大長大的雙語者作為被試參與的一項研究結果是這樣的：當要求其中一些年輕人用中文描述自己，並且對一些反映中國文化價值

的說法（如謙虛使人進步，驕傲使人失敗）作評定時，與用英語描述自己的年輕人相比，他們使用更多的集體主義詞彙而且更認同中國的文化價值。（Wang et al., 2010）

香港 1997 年回歸中國，此前的 100 多年受英國的殖民統治。因此，香港是一個中西文化交匯的地方，是一個現代化與傳統並存的地方。在香港 1997 年回歸之後，由於實行「一國兩制」的政策，它仍然保持着與西方世界緊密的聯繫，英文與中文都是香港的官方語言，許多兒童從小就是一個雙語者，既會中文也會英文。香港兒童在家裏受到更多的傳統儒家教育，諸如尊敬父母、長輩。而在學校接觸到更多西方文化，諸如西方音樂、電影、玩具等等。因此，許多香港兒童具有雙語和雙文化的特點。

王琪等人對香港雙語兒童進行了雙文化自我的研究（Wang et al., 2010）。一共有 125 名兒童參與，其中八歲的 33 名，十歲的 32 名，十二歲的 28 名和十四歲的 32 名。他們都是中國人，會熟練地說英語和漢語。實驗前 125 名香港雙語兒童隨機分配到中文組（用中文進行實驗）

或英文組（用英文進行實驗）。

實驗是這樣進行的：首先，研究助手與單個小孩（沒有父母或親屬在場）在安靜的房間見面。研究助手對小孩說，「你和我一會來玩一個有趣的遊戲。我會問你一些問題，你怎麼回答都可以。回答不分對錯。你準備好了嗎？」接着進行下面幾項測量：

① 要求小孩詳細描述過去的四件事：前不久一件特別的並且有趣的事；最近在學校與某小孩爭吵；最近做得好的一次學校作業；最早的童年回憶。在敍述每一件事之後，研究助手都鼓勵小孩，「還有沒有要說的？」

② 研究助手對小孩說，我想寫一個關於你的故事，請你對自己進行描述。

③ 研究助手提出 20 對包含相反答案的問題，要求小孩必須選其中的一個答案。例如，「當你在班裏考第一的時候，你會告訴班裏小朋友還是自己保密？」「當你做重要決定時，你徵求父母意見還是自

己做主？」20 對問題的順序對所有小孩都是一樣的。這些問題測量小孩對不同文化價值認同的程度。

幾項測量結果如下。

自我概念

中文組兒童平均有 2.42 個自我描述的句子，英文組兒童平均有 4.60 個自我描述的句子。經過統計檢驗，英文組的自我描述明顯多於中文組。

把兒童自我描述的句子分成兩類：個人的和社會的。個人的包括個人品質、態度、信念以及不與他人有關的行為。例如，「我是誠實的」；「我愛讀書」。社會的包括個人的社會角色，人口統計的以及團體成員。例如，「我住在香港」，「我是一個學生」。還包括重要的他人、關係等。例如，「我有許多朋友」，「我姐姐正在上高中」。

將個人的描述得分與社會的描述得分之比作為自主自我（Autonomous Self）的得分。英文組的自主自我得分為 1.81，即個人描述遠多於社會描述。

一個典型的自我描述如下：

我喜歡打網球⋯⋯噢，我喜歡跳舞；噢，我有一個雙胞胎弟弟⋯⋯我喜歡做家庭作業，我喜歡游泳⋯⋯我喜歡，噢，我有一個運動員偶像，一個歌星偶像。

中文組自主自我得分為 0.78，即社會描述的多於個人描述。一個典型的自我描述如下：「寫我的家庭吧；寫我媽媽，爸爸，我兄弟；我家住在九龍塘。」

自傳記憶

對兒童回憶的四件事也按個人的 / 社會的比例計算，結果表明，英文組得分為 1.30，說明英文組小孩回憶出來更多的個人事件；而中文組得分 0.97，說明中文組的小孩對個人事件與社會事件的回憶數量差不多。

下面舉兩個典型的回憶，一個是中文組的一個是英文組的。

中文組：有一次，同班同學和我正在設計板報。有個同學想讓我們使用他的設計。但其餘同學

都不喜歡他的想法。我們不知道怎麼辦就和他爭論起來。我們全都大叫大鬧起來,後來班主任老師來了。甚至班主任老師也認為他的想法是錯的。這樣,我們又重新設計板報。這段回憶聚焦社會互動,團體活動以及他人的角色。

英文組:嗒,我常常與別人爭辯,因為這是我的個性。我喜歡爭辯。最近我贏了一場學校的科學競賽,當我獲獎時我告訴了我的一位朋友。但他就是不相信我會獲獎,我有點生氣,因為他一直是相信我的……諾,基本上,後來我想他是有點自私和輕視我,於是我決定不理他幾天。這段回憶特別重視小孩自己的作用,意見和看問題的角度。

上述關於香港雙語兒童的實驗表明,雙語兒童能夠順應語言作出符合與該語言背後文化關於自我的種種反應。在使用中文時,這表現在回憶自傳記憶時社會的事件與個人的事件數量相近,對自我作描述時社會性的描述比個人品質的描述更多;相對而言,在使用英文時,

雙語兒童回憶自傳記憶時個人的事件多於社會的事件，對自我作描述時個人品質的描述遠多於社會性的描述。

上述的實驗結果，經過研究人員加工處理後，大致上確認了主要的原因是語言背後文化價值而不是語言本身所致。

小結

自我是文化的過程與產物，東西方不同的文化培育了不同的自我。中國台灣、香港、中國大陸社會經濟發展不同，但都包含着傳統的儒家文化與現代的西方文化，因此，海峽兩岸三地的中國人都具有雙文化的自我，即傳統儒家的家庭自我（自我包括母親等重要他人，與互倚自我類似）與西方文化的獨立自我的混合體或綜合體。這是中國人自我的一個重要特點。

陸洛和楊國樞（2008）對雙文化自我存在的意義有一段很好的表述：

　　對生活在台灣及其他亞洲社會的人們來說，以獨立自我與互依自我共存與整合的態度，來處理不甘退讓的傳統文化與勢在必行的現代文化間的衝突，很可能是最好的適應方式。這樣一種折衷自我，有着均等強勢的獨立與互依信念，對當代華人而言，正可同時表達人類基本的個人「獨特性」（Uniqueness）與人際「關聯性」（Related）的雙重需求。

參考文獻

陸洛 . 楊國樞 . 當代華人的傳統與現代雙文化自我：其現身、組成與變遷 . 楊國樞 . 陸洛 . 中國人的自我：心理學的分析 . 台北：台大出版中心，2008，279-322.

Lu L., Kao S.F., Chang T.T., Wu H.T. & Jin Z. *The Individual and Social-Oriented Chinese Bicultural Self: A Subcultural Analysis Contrasting Mainland Chinese and Taiwanese*. Social Behavior and Personality, 2008, 36(3): 337-346.

Lu L. & Yang K-S. *Emergence and Composition of The Traditional-Modern Bicultural Self of People in Contemporary Taiwanese Societies*. Asian Journal of Social Psychology, 2006,

9:167-175.

Markus H. R. & Kitayama S. *Culture and The Self*: *Implications for Cognition, Emotion, and Motivation*. Psychological Review, 1991,98(2): 224-253.

Wang Q., Shao Y. & Li Y.J. 「*My Way or Mom's Way*?」 *The Bilingual and Bicultural Self in Hong Kong Chinese Children and Adolescents*. Child Development, 2010, 81(2): 555-567.

神經基礎

　　圖 8.1 中福爾摩斯手持核挑狀的大腦，用放大鏡尋找自我。他驚訝地發現他在大腦的內側前額葉處看到他自己（自我），這個內側前額葉簡單來說就是我們額頭下面的大腦。

圖 8.1 《認知神經科學》雜誌（Journal of Cognitive Neuroscience）2002 年 7 月刊封面圖

　　科學家為什麼要研究自我的神經基礎？讓我們從一個著名的病例說起。1848 年一個名叫樊尼斯・蓋奇（Phineas Gage）的 25 歲美國鐵路工人，幹活時火藥爆炸崩飛了釬子，這飛釬從他的左眼下邊穿入，從額頂穿出，蓋奇的額葉受到嚴重的損傷（見圖 8.2），經過及時搶救、治療，他奇跡般地治癒了，一個多月後又在鐵路線上幹活了。

　　此後，人們發現，蓋奇雖然獲救了，但他的性格和脾氣卻完全改變了。在受傷以前，他是一位和善可愛的人，現在他變得粗暴無禮、固執，而且反覆無常，優柔

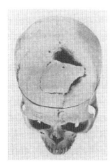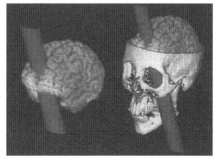

圖 8.2　蓋奇受傷示意圖。左圖為蓋奇的大腦頭骨；右圖為計算機重構的釬子穿過蓋奇大腦的情形（引自：Canli et al. 2002）

寡斷。總之，他的性格變化使他變得好像是另一個人了。

通過這個病例，科學家開始認識到，大腦不僅掌管我們走路、吃飯、呼吸等最基本的生存功能，也掌管我們的性格、人際交往等社會認知功能。我們現在知道，額葉特別是內側前額葉（the Medial Prefrontal Cortex）是社會認知包括自我的關鍵腦區。難怪蓋奇的額葉受傷使他的性格發生了巨大的變化。

因此，除了自我的行為實驗研究（如本書第五、六和七講）之外，研究自我的神經基礎對進一步理解自我是十分必要的。但是，早年科學家缺乏有效的技術手段，難以研究正常人的各種心理現象與腦結構的關係。

最初的方法是，對活着的病人進行心理現象的觀察與測定，在病人死後確定其腦結構的異常之處，將受損的結構與心理現象進行關聯。應用這種簡單的方法的一個傑出例子是，布洛卡（Broca）於 1865 年發現左顳葉損傷導致語言障礙。上面敍述的 1848 年蓋奇的例子，可以說是一個「自然實驗」，發現了額葉損傷導致性格異常。20 世紀末，科學家開始在正常人身上使用腦認知成像技

術研究各種心理現象的神經基礎。這些腦認知成像技術對正常人的大腦沒有傷害，而且能對相關腦組織進行精確的定位。

一、神經科學對自我的研究

克瑞克等人（Craik et al. 1999）首次對自我的神經基礎進行了研究。他們認為，情景記憶的加工在左半球，但情景記憶的提取在右半球，因此，自我定位在右半球，因為正是自我提取情景記憶。他們使用自我參照效應（Self-reference Effect）的實驗範式對八個被試進行腦成像實驗，設置了四種實驗條件。

① 自我參照：「勇敢的」適合描寫你嗎？

② 他人參照：「可愛的」適合描寫牟咯尼（加拿大前總理）嗎？

③ 語義加工：「守時的」是社會贊許的嗎？

④ 語音加工：這個人格形容詞有多少個音節？

要求被試對每個問題回答是或否。從呈現人格形容詞到被試回答問題，對被試大腦進行掃描。被試回答畢問題以後進行記憶測驗。將被試正確認出來的人格形容詞歸類，看認出的形容詞是屬於自我參照、他人參照、語義加工或語音加工。克瑞克等人發現，自我參照實驗條件的記憶成績最好；自我與大腦雙側內側前額葉的激活關聯。

後來，奇利等人（Kelley et al. 2002）對自我的神經基礎進行了深入的研究。他們使用自我參照效應的實驗範式對 24 個被試進行腦成像實驗。實驗條件有三種：自我參照；他人參照和字形判斷（要求被試回答呈現的人格形容詞是大寫或小寫）。行為結果表明，自我參照的記憶測驗成績顯著高於他人參照和字形判斷。腦成像數據顯示，右側內側前額葉以及右側後扣帶回都與自我關聯。

後來許多腦成像實驗也都表明，自我定位在內側前額葉和扣帶回（Northoff, et al. 2006）。

二、中西方自我的神經基礎

馬庫什和可塔亞馬（Markus & Kitayama, 1991）提出了影響久遠的文化與自我的理論假說，即西方文化下大多數人具有獨立型的自我結構，強調自我與他人的分離；而東亞文化下大多數人具有互倚型的自我結構，強調自我與他人的相互聯繫。（見圖 8.3）

基於上述的自我與內側前額葉的高度相關（Northoff, et al. 2006）以及 Markus & Kitayama（1991）的理論假說，朱瀅等人（Zhu et al., 2007）假定，中國人不僅思考自我時會激活內側前額葉（MPFC），而且思考與自我非常親近的

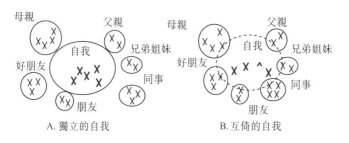

A. 獨立的自我　　　　　　B. 互倚的自我

圖 8.3　西方文化的獨立型自我與東亞文化的互依型自我（Markus & Kitayama, 1991）

人也會激活內側前額葉。這樣假定的理由是，由於中國文化非常強調人與人之間的相互依賴，非常親近的人與自我不分彼此。

另一方面，由於西方文化強調人與人之間的分離，西方人的自我是獨立於任何人的（包括最親近的人，如母親）。因此，雖然西方人的自我能激活內側前額葉，但是他／她的父母卻不能像自我一樣激活內側前額葉。

朱瀅等人（Zhu et al., 2007）進行了一項腦成像實驗（採用自我參照效應範式進行），來檢驗他們的假設。實驗中他們使用了中國被試 13 人與西方被試 13 人，中國被試是北京地區的大學生，西方被試是來到北京學習的英國人、美國人、澳大利亞人和加拿大人，這些青年學生來北京不到一年。中國被試用中文進行實驗，西方被試用英文進行實驗。設置了四種實驗條件：

① 自我參照：「勇敢的」適合描寫你嗎？

② 母親參照：「勤勞的」適合描寫你母親嗎？

③ 他人參照：「可愛的」適合描寫中國現任總

理嗎？（西方被試用美國現任總統）

　　④ **字形判斷**（要求被試回答呈現的人格形容詞是大寫或小寫）。

　　腦認知成像（fMRI）結果發現，中國與西方被試的自我參照都激活了腹側內側前額葉（VMPFC），這與已有的發現是一致的（Northoff. et al., 2006）。有重要意義的發現是，中國人的母親參照也激活了腹側內側前額葉，但西方人的母親參照沒有激活腹側內側前額葉。換句話說，中國人的自我與母親的神經表征是重疊的，同「住」在內側前額葉，但西方人只有自我「住」在內側前額葉。（見圖 8.4）

　　朱瀅等人腦認知成像（fMRI）結果見圖 8.5，圖的左邊是中國人與西方人比較的腦區（藍色小圓圈部分），圖的右邊表示：對中國人來說自我參照、母親參照都激活了內側前額葉（綠色、紅色矩形在零線以上），現任總理參照使內側前額葉抑制（黑色矩形在零線以下）；對西方人來說，只有自我參照激活內側前額葉（綠色矩形在零線以上），母親參照和美國現任總統參照使內側前額葉抑制（紅色和黑

色矩形在零線以下）。

朱瀅等人（Zhu et al., 2007）根據實驗結果得出結論說：「強調人與人之間的相互聯繫的中國文化導致發展出自我與親密的他人（如母親）的神經聯合，而強調獨立自我的西方文化造成了自我與他人（甚至非常親近的母親）的神經

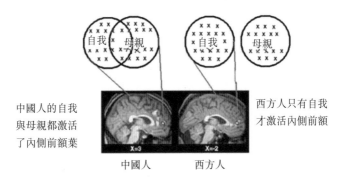

中國人的自我與母親都激活了內側前額葉

西方人只有自我才激活內側前額

中國人　　西方人

圖 8.4　朱瀅等人腦認知成像（fMRI）結果示意圖

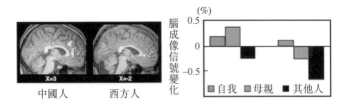

圖 8.5　東西方自我神經基礎的比較

分離」。這樣，中西文化的不同導致中國人與西方人自我的不同神經基礎。

最近，王剛等人（Wang et al., 2011）的腦成像（fMRI）研究重複與發展了朱瀅等人（Zhu et al., 2007）的結果，即中國人的自我與母親的神經表征是重疊的，同「住」在內側前額葉（VMPFC）；但是，父親或好朋友與自我沒有共同的神經表征，即自我與父親或好朋友在大腦中是分離的。圖 8.6 右邊的柱狀圖顯示，自我參照與母親參照在激活內側前額葉上沒有差別；母親參照與父親參照，母親參照與好朋友參照在激活內側前額葉上有顯著差別（見星號）。

中國人的自我與父親為什麼沒有共同的神經表征？儒家文化將父子關係看作是最為重要的人際關係，要求盡力使之和諧；但是，在實際生活中，父子關係往往並不親密，而是疏遠。中國有「嚴父慈母」的說法，子女在成長過程中受到母親的百般呵護，而父親總是扮演嚴厲的權威角色，很少與子女溝通交流，導致子女與父親感情的疏遠。

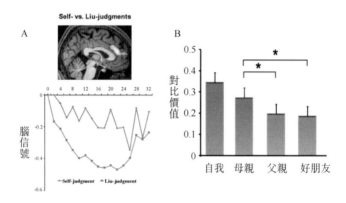

圖 8.6　王剛等人的腦成像結果

　　上述朱瀅等人（Zhu et al., 2007），王剛等人（Wang et al., 2012）關於中國人自我神經基礎的研究說明，中國人互倚型自我已深入腦髓，即中國人相互依賴的程度已深入腦髓。具體說來，這種人與人的相互依賴有重要特點，即與有血緣關係的人（如母親），相互依賴已深入腦髓；與好朋友的相互依賴未深入腦髓，與父親的相互依賴也未深入腦髓。

　　中國人與有血緣關係的人相互依賴已深入腦髓的神經科學事實具有重要意義。第三講我們說到，《禮記》把

父母看作是中國人最重要的人際關係；人類學家費孝通的「差序格局」思想也把具有血緣關係的人看作是中國人最親密的人際關係；社會心理學家楊宜音關於中國人自己人－外人的劃分中，也把具有親緣關係的人當作最親密的人。上述神經科學的事實與《禮記》、「差序格局」和「自己人－外人」的說法是非常一致的。因此上述神經科學的事實是對中國人具有互倚型自我的極好證明。

同時，它也確實表明，中國文化（「血濃於水」的文化）對中國人的大腦功能有深刻的影響，這為文化神經科學提供了新的強有力的證明。

第六講說到，中國人的自我是辯證的自我，即中國人能夠容忍矛盾，認為 A 與非 A 可以存在於同一事物中。那麼，當我們進行辯證思維時，它的神經基礎在哪裏呢？王非等人的一項腦成像研究試圖回答這一問題（Wang et al., 2016）。已有的知識表明，自我的信息加工（例如，決定人格形容詞「友善的」是不是適合描寫自己）與內側前額葉（vmPFC）和前扣帶回（ACC）有密切相關（Zhu et al., 2007）；另外，監控矛盾的信息加工（例如，儘快說出用紅墨水寫的『綠』字，這時，『綠』的字義與它的顏色有矛盾）與前扣帶回的背側部分有密切相關（Posner et al., 1998）。根據這兩方面的知識，王非等人設想，既然思考自我和對矛盾事物的信息加工都與前扣帶回，特別是它的背側部分（dACC）密切相關，那麼前扣帶回的背側部分就是自我辯證思維的神經基礎。

他們進行了一項腦成像實驗來證明這一設想。27 名中國大學生參加了該實驗。實驗有兩個條件：

① 自我條件：要求被試對呈現的矛盾形容詞（聰明的－愚蠢的）或不矛盾的形容詞（愚蠢的－不值得信任的）是否適合描繪自己作出按鍵判斷，與此同時，核磁共振機器對被試大腦進行掃描。

② 他人條件：要求被試對呈現的矛盾形容詞（聰明的－愚蠢的）或不矛盾的形容詞（愚蠢的－不值得信任的）是否適合描繪某公眾人物作出按鍵判斷，與此同時，核磁共振機器對被試大腦進行掃描。

　　當把條件①與條件②中的大腦激活進行比較即矛盾形容詞部分（自我減他人）減去不矛盾的形容詞部分（自我減他人），結果是：前扣帶回背側部分有顯著激活，換句話說，當被試進行與自我相關的辯證思考時（我既是聰明的也是愚蠢的），前扣帶回背側部分就激活了，兩者有顯著正相關（參見圖 a 部分）。被試前扣帶回激活程度（圖 b 部分縱坐標：dAcc's Relative Activition）與被試自我辯證思考的程度（Score on Dialectical Self Scale, 對所有或大部分矛盾形容詞都說適合描繪自我的，屬於高程度的自我辯證思考，對一部分矛盾形容詞說適合描繪自己的，屬低程度的自我辯證思考）相關情形見圖 b 部分。

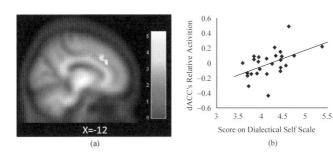

圖 8.7　　自我辯證思考與前扣帶回相關

　　王非等人的研究首次為中國人自我的辯證思維提供了神經科學的基礎，即前扣帶回腦區支持中國人關於自我的辯證思考：兒子摔斷一條腿並不是壞事；丟失了一匹馬也不是壞事，等等。

參考文獻

Canli T. & Amin Z. *Neuroimaging of Emotion and Personality*: *Scientific Evidence and Ethical Considerations. Brain and Cognition*, 2002, 50: 414-431.

Craik F.I.M., Moroz T.M., Moscovitch M., Stuss D.T., Winocur G.,Tulving E. & Kapur S. *In Search of The Self*: *A Positron Emission Tomography Study*. Psychological Science, 1999，10: 26-34.

Kelley W.M., Macrae C.N., Wyland C.L., Caglar S., Inati S.,Heatherton T.F. *Finding The Self? An Event-Related fMRI Study*. Journal of Cognitive Neuroscience, 2002, 14(5):785-794.

Markus H.R. & Kitayam S. *Culture and The Self*: *Implications for Cognition*, *Emotion*, *and Motivation*. Psychological Review, 1991, 98(2):224-253.

Northoff G., DeGreck M., Bermpohl F., et al. *Self-Referential Processing in Our Brain —— A Meta-analysis of Imaging Studies on The Self*. Neuroimage, 2006, 31 (1): 440-457.

Wang G., Mao L., Ma Y., Yang X., Cao J., Liu X., et al. *Neural Representations of Close Others in Collectivistic Brains*. Social Cognitive and Affective Neuroscience, 2012, 7(2):222-229.

Wang F., Peng K., Bai Y., et al. *The Dorsal Anterior Cingulate Cortex Modulates Dialectical Self-Thinking. Frontiers in Psychology*, 2016, vol 7, Article 152.

Zhu Y., Zhang L., Fan F. & Han S. *Neural Basis of Cultural Influence on Self-Representation*. Neuroimage, 2007, 34: 1310-1317.

第九講

自我的發展

為了理解中國青少年自我的發展，我們要介紹艾瑞克·埃里克森（Erik Erikson, 1902-1994）關於青少年自我同一性危機的論述。那麼，什麼是自我同一性呢？

十年前我在南京，雖然經歷了許多變化，但與現在在北京的我仍然是同一個人。為什麼可以這樣認為？關於我的什麼樣的事實支撐我，使得現在的我與10年前在南京的那個我是同一個人？這就是哲學家提出來的自我同一性（self-identity）問題。

從歷史上來看關於同一性的著名難題，莫過於「提修斯的船」了（ship of Theseus）。一艘木船逐步建造而成，船員駕駛它在地中海航行，但經過不斷地修理，它的木板被逐一更換，直到最後原船的木板全部更換完

畢。那麼，現在它還是同一條船嗎？如果有一個人收集了所有丟棄的木板，並用它們建造成一條船，這條船包含有最初下水的船所有的木板而且僅僅是它原來的木板，這樣，這條船的木板與最初下水的船是一模一樣的（identical）。那麼，哪一條船是我們最初着手建造的呢？是那條繼續航行但木板已全部被更換的船，還是用扔掉的木板建造的船？

　　一個人由兒童發育成長為青少年，其經歷與「提修斯的船」類似，只不過青少年的變化更為複雜罷了。

　　一個人由兒童發育成長到青少年，每天都有許許多多的細胞死亡，每天也都有許許多多的細胞在誕生，這使得青少年的生理發生了變化，不僅是身高、體重等外形的巨大變化，特別是男女性生理接近成熟（例如，女生開始月經），並影響到心理的變化。「少年維特的煩惱」出現了；青少年在認知功能方面也有很大變化，他們現在能夠進行形式運算思維，即能夠思考假設的事件和情景。例如，在解決一個問題時，青少年可能會問，「我如果做了××會有什麼後果？」這樣，認知的發展已經使他們

能夠想到他人對事件的看法可能與自己不同，從而接受別人的勸告，使個體擺脫自我中心。

青少年現在面臨社會期望的轉變。有些人要開始承擔養家的重擔，更多人背負着父母沉重的期望（所謂望子成龍）。青少年開始有了自己的知心朋友，這些朋友將會影響他們的一生。最後，社會的潮流對他們有巨大的影響，這不僅僅表現在追求時尚的打扮和追星，還包括接受各種政治思潮，出現過激行為，如紅衛兵。

總之，青少年經歷上述種種變化，由於情景的不同，時間的變化，扮演着不同的角色。他們面臨巨大的壓力，不時經歷心理上的挫敗感，或者不知所措，不能清楚地意識到自己是誰，就像「提修斯的船」一樣，不知道哪條船才是最初建造的船。

埃里克森針對上述情形提出，青少年面臨自我同一性的危機。通俗地說，自我同一性的危機也就是「身份危機」。例如，小莉原來是媽媽的「乖乖女」，但到了15-16歲時變得叛逆起來，成了「狗不理」，媽媽問關於她的任何問題（今天考試怎麼樣，放學以後上誰家玩了），她

都說「不知道」！媽媽（第三人稱）有點吃驚，現在她還是原來那個小莉嗎？小莉自己（第一人稱）有時也感到迷茫，我怎麼會變成現在這個樣子呢？

埃里克森認為，青少年必須決定他們是誰，以及他們想要成為什麼樣的人。他們要在青春期前的自我和現在的自我之間尋找連接點，把他們關於自己（包括新的社會角色和責任的）的各種想法結合到統一的自我概念當中去，擺脫煩惱、衝動和混亂，形成穩定的和統一的自我概念，培養出對自我的一致感。

下面，我們分三個方面敘述中國青少年自我的發展。

一、自我概念的發展

一般認為，青少年對自己的看法（自我概念）是由具體的和客觀的（例如我是學生）發展到抽象的和主觀的（內心的）（例如我喜歡想象）。陸淑萍（Lu, Shu-Ping, 1990）用 20 個陳述測驗（the Twenty Statement Test）的方法研究了中國青少年自我概念的發展。

20 個陳述測驗是這樣的：就是在最快的時間裏寫完 20 個句子，每個句子都以「我是……」開頭。

（1）我是 _____ 。

（2）我是 _____ 。

（3）我是 _____ 。

（4）我是 _____ 。

（5）我是 _____ 。

……

（18）我是 _____ 。

（19）我是 _____ 。

（20）我是 _____ 。

然後將這 20 個句子的內容歸類，可以看出一個人是怎樣定義自我的。研究對象是北京地區的小學生、中學生和大學生，年齡（平均）分別是：9.8、11.8、13.7、15.4、17.2 和 20.0 歲。男女學生共為 509 人。

20 個陳述測驗是整個班級集體進行的。把所有學生

的陳述測驗的內容歸為 20 類：性別、年齡、姓名、種族或民族、親戚角色（我是爸爸媽媽的兒子）、學生角色（我是三年級學生）、社團成員資格（我是少先隊員）、所做的事情（我愛旅遊）、生理自我及身體形象（我是高個子）、個性（我好想象）、意識形態和信仰（我相信每一個人都應該平等相待）、智力（我是聰明的）、道德價值（我討厭不誠實的人）、人際關係（我不同別人競爭）、興趣愛好（我愛閱讀）、心靈（我富於同情心），等等。

由 10 歲到 20 歲這個期間，兒童和青少年的自我概念呈現出三大類的發展轉變。

第一類轉變是隨着年齡的增長，自我概念越發趨向個性化（我自己，我本人），越來越多包含意識形態和信念性的東西（我信 xx，我不信 xx），更強調人際風格（我是友善的，我是害羞的）和個人的心理狀態或感受（快樂，沉着）。

第二類的轉變是反方向的，隨着年齡的增長，自我概念越來越少提及自己的姓名或與自己互動的組別。

第三類的轉變是較為複雜，高峰期發生在 14-16 歲而不是之前或之後。這些金字塔曲線型的轉變，包括民

族／國家傳統和道德感．這些自我觀在14歲前未算強烈，在16歲後則從高峰下降回覆到14歲前的水平。與金字塔曲線型相反的Ｖ－型轉變，出現在自我概念中的職業角色，職業角色在14-16歲期間的自我概念中較14歲前或16歲後為弱。

12歲與14歲期間是自我概念發展中的具體－抽象期。大多數12歲以下的兒童把自己看成是客觀的存在。雖然大於14歲的青少年也視自己為客觀的存在，但他們的視角開始從內心、主觀的角度看待自己。他們發現了他們自身抽象、內在的特徵。

陸淑萍曾訪談40位大學二年級學生，當問到他們什麼時候開始審視自己內在的特徵時，半數以上學生說，大約是14歲的時候。一個女孩說，「我14歲開始記日記，我想記下我怎樣成長。還有，我覺得我有一些祕密要與人分享。這樣，我將祕密告訴日記。因此，我開始反省自我。」

下面舉幾個實例說明不同年齡的青少年是怎樣描繪自己的。

一個小學四年級的十歲男孩對自己的描繪：

> 我的名字是王欣。我住在南區。我是天津人。我是男孩。我十歲。我不是小組長。我喜歡玩彈珠。我是學生。我在四年級學習。我是第五組的。我是我父母的兒子。我在1976年出生。我是少先隊員。我住在北京。在班級裏我不活躍。我喜歡PE。我瘦。我在小學學習。我愛看電視。我喜歡在外面玩。這是一個對自我作具體描繪的典型。

一個初中二年級14歲的女孩對自己的描繪：

> 我的名字是何芳。我是少先隊員。我是中國人。我是初中生。我是小組長。我是女孩。我是我父母的女兒。我是北京人。我喜歡玩。我喜歡交朋友。我很有同情心。我有點雄心。我不夠細心。我缺乏毅力。我喜歡藝術活動。我喜歡思考。我有我自己的主張。我不願幫助別人。我是一個好人。我

愛我的爸爸媽媽。這些描繪顯示她開始關注她自己的心靈和人際關係。

一個 20 歲女大學生對自己的描繪：

> 我是我自己。我是大學生。我研究文學。現在我大二了。我有我自己的人格。我是一個誠實的人。我對社會活動不感興趣。我討厭不誠實。我不喜歡形式主義。我認為自己是重要的。我富於同情心。我相信每個人都應該平等相待。我遵守諾言。我誠實待人。我喜歡安靜的地方。我有很多愛好。我喜歡旅遊。我喜歡想象。我不同別人競爭。我喜歡閱讀。這些描繪顯示她強調人際風格和情緒特徵。

那麼，青少年自我概念由具體、外在的描繪發展到抽象、內心的描繪是由什麼引起的呢？

乍一看，小學生（9-12 歲）成為中學生（14-15 歲）學校環境發生了變化，中學生面對新的老師，新的同學

和新的校園，從而有了新的視角來審視自己，這導致他們對自己的描繪發生變化。但更仔細地考察發現，是中學生認知能力的發展，而不是學校環境的變化導致了他們自我描繪的變化。

陸淑萍在她的另一項研究中，比較了 90 名在中學學習的 15 歲學生與 26 名在大學學習的 15 歲學生（他們跳級三年）。結果發現，在大學學習的 15 歲學生比中學裏學習的同年齡同學對自己的描繪更為抽象。這些跳級上大學的學生來到大學只有兩個月，因此難以相信是大學環境造成了他們描繪自己的變化。但他們的確比同年齡的學生要更聰明些。

因此，是跳級學生的智力發展而不是學校環境引起他們自我描繪的變化。這項研究支持了米德（Mead）的理論——自我的本質是認知的。（［美］喬納森·布朗，2004）

二、互倚型自我的發展

第三講討論了中國人的傳統自我是互倚型的自我，

由於父母和朋友在青少年生活中極為重要的地位，青少年互倚型自我主要指，把青少年與父母的關係和朋友的關係作為互倚型自我的兩個主要內容。

在一項中美青少年父母導向和朋友導向的互倚型自我對比研究中（Wang et al., 2007），我們可以看到中美青少年互倚型自我發展的差異。研究對象是美國芝加哥城市的中學生 374 人，七年級開始時（美國學制）12.78 歲（平均）。中國北京城裏的中學生 451 人，初中一年級時 12.69 歲（平均）。一共進行四次測驗，測驗時間是初一秋季開始，初一春季，初二秋季，初二春季。有關互倚型自我那一部分的研究，研究者從兩個角度測試學生。第一是用量表的方法，使學生在已定的問題上表示是否同意的程度（Pomerantz et al., 2009）。第二是讓學生自由描述自己（Setoh et al., 2015, 研究 1）。兩者的結果不盡相同，但是大致上顯示出中國學生的互倚型自我較美國學生的互倚型自我為重。

Pomerantz et al.（2009）讓中美中學生對「父母導向的互倚型自我結構量表」中的敍述是否適合自己作出判

斷。例如，「當我想到我自己時，通常我也會想到我的父母」，如果中學生認為這句話很符合自己的情況，就給 5分。如果一點也不符合自己的情況，就給 1 分。其餘符合的情況用 2、3、4 分來表達。

量表中一共有 16 條敘述，例如：

我常常把父母看作是我的一部分；

我父母是怎樣的人同我是怎樣的人無關；

要知道一個真實的我，知道我與父母的關係是有幫助的；

如果一個人傷害我父母，我也會感到傷害；

如果我同父母關係不好，我會對自己感到沮喪；

當我思考我是誰時，我思考我同父母的關係⋯⋯

一共進行四次測驗，讓中學生對敘述作出判斷，測驗時間是初一秋季開始，初一春季，初二秋季，初二春季。此外，研究者還製成了一個「朋友導向的互倚型自

我結構量表」,這個量表將上述量表中的「父母」改成「朋友」,其餘的不變。

有關父母導向的互倚型自我結構的研究結果見圖9.1。

圖的橫坐標註明了量表測驗的時間,縱坐標上的數字代表中學生認同量表中的敘述的程度。

從圖上看到,中學生給出的分數都在3.4至3.6之間。前面我們說過,1分表示敘述完全不符合自己,5分

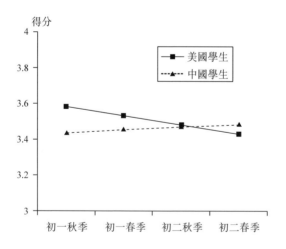

圖9.1　中美中學生的自我結構與父母關係

表示敘述完全符合自己。因此，總體而言，中美中學生都認為與父母的關係在定義自我，或者說，在描繪自己是一個什麼樣的人時是十分重要的。

但具體說來，中美中學生也有差別。

美國中學生在七年級秋季（相當於中國初一秋季）開學定義自我時，考慮與父母關係較多（3.6 分），七年級春季，八年級秋季，八年級春季在定義自我時，逐漸減少了與父母關係這一部分內容（得分下降到接近 3.4 分），3.6 分與 3.4 分差別顯著。另有研究表明，這個時期的美國中學生看待父母不那麼正面積極，常與父母爭吵，與父母一塊玩的時間也少了。因此，美國中學生在圖 9.1 中得分下降，反映了美國中學生企求「脫離」父母，而出現個體化、個性化（Individuality）的傾向。

與美國中學生不同，中國學生在四次測驗中得分在 3.4（初一秋季）與 3.5（初二春季）之間，沒有顯著變化。換句話說，中國中學生在定義自我時，

始終保持着與父母關係的內容。在中國，人們繼續強調孝道，兒童進入青少年期並不必然增加與父母的矛盾，因為父母的權威比美國父母大。中國兒童仍舊比美國兒童花更多時間與父母在一起。因此，中國中學生從父母那裏個體化的狀況可能不如美國中學生。

有關朋友導向的互倚型自我結構的研究結果，和圖9.1相近。那麼由朋友導向和父母導向結合起來的互倚型自我結構將會是怎樣的？結果是，之前美國學生在四次測驗中得分有顯著變化，但是中國學生在四次測驗中得分沒有顯著變化，而且中美學生在初一秋季的差別並不顯著。

整體來說，中國中學生的互倚型自我結構，兩年來始終保持着與父母關係的內容。

Setoh 等（2015，研究 1）將學生們的自我描述分為三部分，第一是社會性的個人描述（我是一個活潑開朗的女孩，我脾氣不好等）。在這個部分的描述，中國學生顯著

地低於美國學生，隨後繼續下降，一年半後才上輕微回升．美國學生則沒有這個曲線形的轉變，而是直線上升。（見圖 9.2）

　　與此相反是第二個部分有關非社會性的個人描述（我的理想是當一名科學家，我愛玩電腦等），中國學生顯著地高於美國學生，隨後繼續直線上升，美國學生則直線下降。在這兩年的研究期間，兩國的學生在第三部分的自我描述卻沒有顯著的轉變，這就是有關人倫和群體歸屬

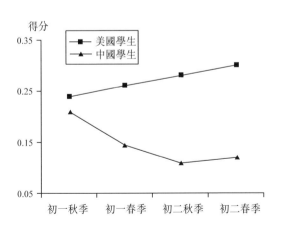

圖 9.2　中美中學生使用個人社會特徵描繪自己隨
　　　　年齡的變化

的個人描述（我很愛我的父母，我是中國人，我是 xx 學校的學生等）。在這個反映出互倚型的自我概念上，中國學生顯著地高於美國學生，而兩者都沒有隨着年齡而轉變。

在一項較新的比較中美初中一年級學生個人描述的研究中（Setoh et al., 2015，研究 2），研究人員追蹤了他們從初中一年級秋季至初中二年級秋季這個期間的轉變。

結果發現，有關人倫和群體歸屬的個人描述（互倚型的自我概念），中國濟南市的初中一年級學生（191 人，平均 12.62 歲），從初中一年級開始至初中二年級期間，都顯著地高於美國中西部一座小城市的中學生（203 人，平均 12.76 歲）。這項研究結果與之前的研究一的結果是一致的。（Setoh et al., 2015，研究 1）

三、孝的自我的發展

中國人的自我就是孝的自我，即以孝順父母作為自己想問題辦事情的標準。第四講說的「中國人是他父母

的兒子而不是他自己」，就是孝的自我的極端形式。

當前中國青少年孝的自我的一般情形是怎樣的呢？我們首先介紹 Zhang 和 Fuligni 的研究（Zhang & Fuligni, 2004）。他們的研究對象是山東省濟南市以及附近農村的高中生 700 名（高一學生平均年齡 16.6 歲，高三學生平均年齡 18.9 歲）。

研究人員首先將孝道分為三部分，第一是學生們現在對家庭的協助（做家務，協助照顧祖父母，花時間與家人一起，等等），第二是他們現在對父母和祖父母的尊敬（尊敬他們，順從父母對他們結交朋友和選擇大學主修科的意願等），第三是他們未來對家庭的支持（供養父母，與他們同住直至成婚，當他們老邁時會接他們來同住等）。

研究結果顯示：

① 城市的男生比城市的女生和鄉鎮的男女生在三個部分都表現較差，反映出男性和城市環境這兩個因素相加起來會減弱青少年對孝道和家庭關係的承傳。

② 研究人員還發現這兩個因素也影響着青少年其他的家庭關係．城市的男生較城市女生和鄉鎮的男女生期望更早會有自主的空間（例如，自己做主決定看多長時間的電視，選擇自己喜歡的髮型，選擇自己想買的衣服，等等），較少和父親傾談，與母親的關係較疏遠。以上是性別之間和城鄉之間的差別。

③ 城鄉男女學生在孝道和家庭關係的三個部分上的比較。總體而言，城鄉學生在孝道和家庭關係的第三部分的表現較第一部分為高，顯示出他們對自己在長大為成人後對父母的承擔，是遠超過他們現時的表現．他們在第二部分的表現與第三部分的表現同樣高，顯示出他們對長輩的尊敬和順從，與他們對自己在長大為成人後對父母的承擔是同樣的堅定。這說明，現時中國青少年仍然願意踐行傳統的孝道。

另有研究（張文新等，2006）表明，中國男女青少年對與母親發生分歧的接受性都極其顯著高於對與父親發

生分歧的接受性。換句話說，男女青少年與母親的親合關係比與父親的親合關係更深，因此遇有與母親的分歧更易解決。這是根據對城鄉 704 名高一和高三學生調查後得出的結論。

下面介紹的一項研究說明了中國青少年孝的自我的發展（張坤等，2004）。研究對象是山東濟南市以及附近農村的初三、高一、高二、高三年級的城鄉男女中學生共 885 名。對他們進行傳統孝道態度的問卷調查。問卷調查的內容包括四個部分，每一部分包括數量不等的句子請中學生回答每個句子，完全讚同的給 5 分，完全不讚同的給 1 分，不同程度的讚同給 2、3、4 分。以下是調查的四個部分及其例句。

① 敬愛祭念

子女不應做危險的事，主要是避免父母擔憂。

無論父母為人如何，子女都一定要尊敬他們。

如果妻子和母親發生爭執，做丈夫應該勸導妻子聽從母親。

做子女的，無論如何都要服從父母。

② 抑己順親

子女選擇結婚對象，不必聽從「父母之命」。

做父母的，不應干涉子女選擇職業的自由。

③ 榮親留後

「養兒防老」不應再是生兒育女的主要目的。

傳宗接代並不是結婚的主要目的。

④ 隨侍奉養

如果有理由的話，可委託養老院供養年老的父母。

為了盡孝，任何犧牲都是值得的。

以下兩項結果說明中國青少年孝的自我的發展變化。

第一、傳統孝道態度的代際差異

在問卷調查中，不僅讓中學生回答自己對各項行孝做法的讚同程度，也讓中學生估計他們父母對各種行孝做法的態度。

這部分結果是，在問卷總分以及榮親留後，抑己順

親，敬愛祭念三方面，青少年的讚同程度顯著低於其父母。舉例來說，當父母認為「養兒防老」是理所當然的，但現在的青少年不這麼認為；當父母認為，做子女的無論如何都要服從父母，但現在的青少年不這麼認為；當父母認為，子女選擇結婚對象，要聽從「父母之命」，但現在的青少年不這麼認為；等等。

第二、傳統孝道的年齡差異

在問卷總分以及榮親留後，抑己順親兩方面，初三學生對傳統孝道的讚同程度顯著高於高中三個年級的高中生。舉例來說，初三學生讚同「揚名聲，顯父母」是努力求上進的最主要的原因，但高中生不這麼認為；初三學生讚同「子女有事一定要請教父母，不可自作主張」，但高中生不這麼認為；等等。

另外，有研究表明：

　　高中三年級青少年與父母的衝突次數和強度，顯著少於並低於高一青少年，這是因為高三和高一學生分別處於青少年晚期和中期，與青少年中期相

比，處於青少年晚期的個體的觀點采擇與自控能力都更為成熟，因此更能冷靜、客觀地處理親子之間的矛盾，減少和避免衝突的發生。

高三青少年與母親的親合，顯著高於高一青少年，但與父親親合無顯著年級變化，這表明由於父母家庭角色和權威的不同，青少年與母親和父親的關係表現出不同的變化特徵。從高一到高三，母子間主要表現為衝突減少，親密程度增加，而父子間主要表現為漸漸相安無事。

這是根據對城鄉 704 名高一（15，77 歲）和高三（17，86 歲）學生調查後得出的結論。（張文新等，2006）

參考文獻

張坤，張文新. 青少年對傳統孝道的態度研究. 心理科學，2004(6): 1317-1321.

張文新，王美萍.Fuligni.青少年自主期望，對父母權威的態度與親子衝突和親合. 心理學報，2006(6): 868-876.

[美] 喬納森・布朗 . 自我 . 陳浩鶯,等譯 . 北京:人民郵電出版社,2004: 76.

Lu S.-P. *The Development of Self-Conceptions from Childhood to Adolescence in China*. Child Study Journal, 1990, 20(2):129-137.

Pomerantz E.M., Qin L., Wang Q. & Chen H. *American and Chinese Early Adolescents' Inclusion of Their Relationships with their Parents in their Self-Construals*. Child Development, 2009, 80(3):792-807.

Setoh P., Qin L., Zhang X. & Pomerantz E.M. *The Social Self in Early Adolescence*: *Two Longitudinal Investigations in the United States and China*. Developmental Psychology, 2015, 51(7): 949-961.

Zhang W. & Fuligni A. Authority, *Autonomy and Family Relationships Among Adolescents in Urban and Rural China*. Journal of Research On Adolescence, 2006, 16(4): 527-537.

第十講

伸張自我的主體性

　　1921 年思想家梁漱溟說：中國人「在倫理情誼中，彼此互以對方為重，早已超過了『承認旁人』那句話，而變成『一個人似不為其自己而存在，乃彷彿互為他人而存在者』，信有如張東蓀先生所指的 Dependent being（從屬的存在）。……中國文化最大之偏失，就在個人永不被發現這一點上」（梁漱溟，2010, 71）。我們在前面幾章討論的互倚型自我就是「一個人似不為其自己而存在，乃彷彿互為他人而存在者」。中國人的自我包括非常親近的人，子女為父母而存在，父母為子女而存在。從常態上說，我們是「從屬的存在」，而不是獨立的存在。

一、1978 年改革開放前中國人是「從屬的存在」

關於中國人的國民性，新儒學代表人物張君勱 20世紀 30 年代曾指出：「然秦後兩千年來，其政體為君主專制，養成大多奴顏婢膝之國民」（張君勱，1988, 84）。這就是說，由於中國人在君主專制的封建社會生活了兩千多年，受到封建社會的正統思想儒家的教化，強調臣民對君主的絕對服從，子對父的絕對服從，婦對夫的絕對服從，以及弟對兄的絕對服從。中國人是「從屬的存在」。

1949 年中華人民共和國成立，本應標誌着一次大的個性解放運動，但實際上沒有。「中國革命勝利推翻了皇權和專制獨裁統治，但沒有掃清以高度中央集權和個人崇拜為核心的封建專制主義的陰霾」（周曉虹，2009）。上世紀 50 年代大力提倡「馴服工具論」，要中國人做馴服的工具；上世紀 60 年代大力提倡「做一顆革命的螺絲釘」，要中國人無條件地安於命定的角色。「個人不把自

己看成自己」十分普遍，唯上的、從眾的思維定式在社會上佔有統治的地位。人們更多地還是按照別人塞給我們「你應該是誰」的狀態生活，而非自己想要的心理狀態生活（樂嘉語）。情形正如電影導演張藝謀說過的那樣：「在幾十年前的中國，在所有的家庭的潛意識中，就是『活着』兩個字，包括我自己在內……聽領導的，聽中央的，聽毛主席的，沒有任何想法。」（張藝謀，2010）。

1966 年至 1976 年的「文化大革命」更是把中國人變成了精神上的「奴隸」。那時，全體中國人絕對服從一個人的領導，「山呼萬歲」，發誓「永遠永遠忠於」偉大領袖。在這裏我們想引郭沫若的例子來説明人們對領袖的崇拜。郭沫若（1892-1978）是中國著名文學家、歷史學家。「五四」運動期間，他創作的《女神》把自己比作太陽，甚至比太陽還要光輝：

我是一條天狗呀！

我把月來吞了，

我把日來吞了，

我把一切的星球來吞了。

我便是我了！

「五四」新文化運動是中國歷史上第一次對封建主義思想體系（特別是儒家的思想體系）的猛烈衝擊。「五四」精神就是衝破封建主義的各種牢籠，莊嚴宣告每一個人都是自己的主人，每一個人都可以把握自己的命運。郭沫若是「五四」運動新詩的旗手，他的詩歌，如《女神》，鼓舞了一代年青人個性的解放。可是在 1968 年，當年不可一世、把自己比作太陽的郭沫若，卻泯滅了自己的個性，他在一首獻給偉人的詩《題毛主席在飛機中工作的攝影》中寫到：

難怪陽光是加倍的明亮，

機內和機外有着兩個太陽。

郭沫若此時不再是太陽了，太陽就是毛主席，這就是「文革」期間（1966–1976）中國人的精神狀態的寫

照。郭沫若的轉變，是中國人精神上的悲劇，代表着中國人「五四」期間個性解放的高潮在文革跌入低谷。

二、中國人向「公民」的邁進

如果説，封建時代的中國人是奴顏婢膝之國民的話，那麼共和時代的中國人應該是公民。公民的本質特徵是什麼？「如果人的個性沒有獲得解放或獨立，總是依附於外界的某一個人或思想的話，他就不是公民。公民首先是一個獨立的人，每一個公民都屬於他自己，不依附於外界。」（資中筠，2014, 184）。

前面幾章説到「在中國文化裏沒有獨立的個人或自我」，這是中國文化的根本缺陷，這一缺陷在 21 世紀的世界裏更顯得嚴重，它十分不利於人的開放、個人的解放，因而不利於中國社會的進步、中華民族的騰飛。1978 年的改革開放，導致社會主義市場經濟的逐步建立。市場經濟要求人與人的平等，要求打破一個人對另一個人的從屬關係，要求打破一個人對「單位」的從屬

關係，要求人的自由流動，要求人的獨立性、主動性與創造性。改革開放之後農民可以離開鄉村，工人可以離開工廠，白領可以轉換工作，學生可以出國學習，……人人都可以為創新人生而工作。這些社會實踐開始打破人生禁錮，開放自我。

但是，社會實踐本身不等於人的思想解放。中國人由「從屬的存在」向「公民」的轉變十分艱難，這是因為中國幾千年的專制集權，今天積澱成了一種「官本位」的體系與思維。清華百年校慶時，清華校方製作紀念百年校慶（2011）特刊封面圖片，典型地反映了這個官本位的體系與思維。幾十位清華校友的個人照片被拼成清華大學標誌建築的形狀，把校友按照政治地位和行政級別來排名，處在頂端的校友幾乎是清華培養的政界人物，然後按照官位大小往下排，排名秩序一眼就可以看出把清華校友們分成了三六九等，高低貴賤、等級森嚴。這種官本位的做法怠慢了王國維、梁啟超、梁思成、陳寅恪、趙元任等大師級的清華教授。

「官本位」思維束縛着人們的思想，致使中國人缺乏

主動精神。這種情形隨處可見。例如，2012 年時任美國副總統拜登訪問北京，訪問期間他到鼓樓一家小吃店品嚐北京小吃炸醬麵。據報道，拜登離開時小吃店老闆向拜登祝願「中美兩國人民繁榮幸福」，拜登開玩笑地說，你真是一位人民外交家。後來《南方周末》發表讀者來信，指出小吃店老闆的祝福不像一個普通老百姓的話，以其個人身份，他會說些「歡迎下次再來」之類的話。又如，著名作家王蒙 2012 年 8 月 9 日答《南方周末》記者問時曾說道，「現在的官話系統之強大，連兒童都受到影響，我被邀請參加我 70 年前上的小學的開學典禮，就連小學開學典禮上，從校長到教師到學生代表的講話，一律是唸稿，一律是陳詞濫調」，這就是中國人從小孩到大人千人一面，眾口一詞的思想僵化現象。

結語

2013 年哲學家張世英指出：「西方傳統文化，特別是自文藝復興、啟蒙運動以後，就以『獨立型自我』佔優

先地位，伸張了自我的主體性和人的自由本質……我個人主張中國傳統文化與西方文化相結合，我們應吸納西方人的自我觀而又超越之……我過去總愛說，我們不能亦步亦趨地先花幾百年時間補西方文化思想之課，然後再來糾偏。現在，由於更深切地意識到傳統之頑固（我看了朱瀅的實驗調查之後的結論，大受震動），我覺得中華文化要想求得新的大發展，仍然需要先多花點時間，做點補課的功夫，當然還是不能亦步亦趨。我前些年講的『超越自我』之『超越』，未免有點言之過早，強調得過多……在當前一段歷史時期內，我們還是應當在會通中西的大原則和總趨勢下，更多地偏重學習、吸納西方人的『獨立型自我觀』」（張世英，2013，2）。著名哲學家張世英從中西文化交流的角度強調了吸納西方人的「獨立型自我觀」，是為了伸張中國人自我的主體性。張世英說，「『主體性』是國外的概念，中國本土沒有。用中國話講，就是個性解放」（金濤，2016）。

中國人自我的主體性得不到伸張的危害從「錢學森之問」很容易看到。錢學森（1911-2009）是我國著名科

學家，他曾尖銳地提出：「為什麼中國的大學在 1949 年後沒有產生一個世界級的原創性思想家或有創見的科學家？」哲學家張世英對「錢學森之問」的回答是這樣的：「問題的回答很簡單，就在於缺乏西方『為學術而學術』的『自由精神』，其深層的思想根源在於中華傳統思想文化缺乏乃至壓抑自我的主體性和人的自由本質的痼疾」（張世英，2013, 3）。為「學術而學術」的自由精神包括兩層意思：一是學術研究寬鬆的外部條件，即社會上，各個單位對人們思考問題不設限制，沒有條條框架；二是僅僅為興趣而鑽研學問的精神，因興趣而產生熱愛可以使人們幾年、幾十年只研究一個問題，才有可能產生原創性思想。

日本是諾貝爾獎「井噴」大國，2000 年以來平均每年誕生 1 個諾獎得主，僅次於美國。日本科學家認為，中國「今後如果能夠持續投入（科研經費），嚴格評審，在大學中形成『學問本位制』，提供自由研究的環境，中國的諾貝爾獎成果今後也將不斷出現」。（參考消息，2018, 10. 10）

參考文獻

梁漱溟，《中國文化的命運》，中信出版社，2010.

張世英，《覺醒的歷程 —— 中華精神現象學大綱》，中華書局，2013.

朱瀅 ，《文化與自我》，北京師範大學出版社，2007.

張君勱，《明日之中國文化》，山東人民出版社，1988.

張藝謀：《南方周末》，2010，1，14.

周曉虹（2009）：〈中國人社會心態六十年變遷及發展趨勢〉。《河北學刊》2009 年 05 期 .

金濤，《中國藝術報》，2016. 1. 27，記者金濤專訪 .

資中筠，《老生常談》，廣西師範大學出版社，2014.

附錄：

哲學家張世英談自我 [1]

什麼是自我？

中國傳統思想基本上不討論這個問題。西方哲學家則多有對這個問題的思考或明確回答。當代美國哲學家 J.R.Searle（1932-）對這個問題的論述特別引起我的興趣，他在其著作《心智（Mind）》一書的「自我」（The Self）一章中，從分析笛卡爾的「我思故我在」和休謨否認自我的經驗的懷疑論出發，提出了他自己關於自我的觀點。

他既否認笛卡爾建立在二元論基礎上的、作為獨立

1　張世英（1921-2020），男，北京大學哲學系教授。長期從事西方哲學的研究，對德國古典哲學、中西哲學比較有專深研究，是研究康德哲學和黑格爾哲學的權威學者。本文摘自張世英文章《西方美學思想與自我》，原載北京大學學報《哲學社會科學版》，2008年第45卷第2期，12-26頁。經作者允許引用。

的精神實體的自我，又不同意休謨建立在經驗論、懷疑論基礎上的那種懷疑自我的觀點。他針對休謨的觀點說：「除了我們的身體和我們一連串的經驗之外」，「我們絕對地必須設定一個自我」。[1] 他認為任何一個自我在做出某種行為時，雖然總是出於某種原因，總是有某種因果關係參與其間，但自我的行為又是自由的，自我的某種行為最終是出自我自己的選擇。自我行為的自由特徵，是不能完全用因果關係來解釋的，自由行為不同於因果關係。

這自由行為靠什麼來解釋呢？

我相信，答案就是，我們必須假設，除休謨所描繪的「一綑知覺」而外，還有某種形式上的約束，約束着作出決定和付諸行動的存在（Entity），我們必須假設一個理性的自我或行動者（Agent），它能自由地動作，能對行為負責。它是自由行動、解釋、責任和給予動機的理由等概念的複合體（Complex）……[2]

Searle 在這段話裏所説的「約束」是指「理性的約束」（the constraints of rationality），即自我「在理性的約束下確認和考慮行動的理由」[3]。Searle 認為，在「自我」這個 entity 的諸因素（有意識、知覺、理性、付諸行動的能力，以及組織知覺和推理的能力，從而在自由的前提下完成自願的行動 [4]）中，「最重要的」是「遵照理由而行動」（Acting on reasons），「其所以重要，是因為遵照一種理由而行動的觀念不同於某事物與另一事物發生因果關係的觀念」。

「遵照行動」（Acting on）的觀念，「預設了自由意志的空隙」[5]。這就是説，有所遵循（遵照）、有所考慮的行動，以有自由意志為前提；因果關係的鎖鏈密密實實，無自由意志的空隙。例如，我一想到投某個候選人一票，我就肚子疼，這中間完全是因果關係，沒有自由意志的「空隙」。但在由於我想投他一票，便在選票上打 × 的情況下，這中間就有自由意志的「空隙」：這是一個有所遵循、有所考慮的行動，我可以為了這個理由而在選票上打 ×，但也可以為了另一個理由而決定不投他的票，不在選票上打 ×。打 × 不打 × 都是自我的自由行動。[6]

Searle 說：「當我們做出人的自願的動作時，我們典型地是基於理由（Reasons）而行動的，而這些理由在解釋我們的行為時，以原因的方式（Causally）而起作用，但用理由解釋人的行為，這種邏輯形式根本不同於因果關係的標準形式」。[7] 因果關係中無自由意志可言，就像在一定條件下「一旦發生地震，高速公路就一定坍塌」。自我的自願行動包括「自由意志」「目的或動機的明確」和「意向性因果的作用」三個特點，此三者都可以概括和歸納在「一個更大的現象——理性」（Rationality）之下 [8]。

北京大學心理學教授朱瀅在其著作《文化與自我》一書中，開宗明義就專章講述了 Searle 的自我觀。他對 Searle 所述的「自我」作了這樣的概括：「Searle 認為，自我是一個形式上的概念，它從邏輯上說明一個人的行為、思想是由他的自我決定、支配的，強調個體的主動性。」[9]

朱瀅還把 Searle 的自我觀和我在拙著《哲學導論》「超越自我」章中所講的自我觀作了一個對比：「Searle 代表西方哲學對自我的看法，張世英代表中國哲學對自我

的看法。」[10]

　　他們之間最根本的、最明顯的區別在於，Searle 只談個體的自我，個人認同問題，隻字不談「自我」與他人的關係，張世英則不討論個人認同問題，為什麼要有「自我」這個概念，只談論「自我」與他人的關係。並且對西方傳統哲學那樣執著於「自我」持批評態度。

　　可以說，Searle 的自我觀，是法制社會的產物，強調一個人必須對他的思想和行動在法律上負責。而張世英的自我觀則是人情社會的產物，更強調人所處的周圍環境對一個人的思想和行動負責。[11]

　　朱瀅認為，東西方不同的自我觀是兩種不同的文化的產物。[12] 他說:「自我是文化的產物，一般認為，東方亞洲文化培育了互依型的自我（Interdependent Self），而西方文化培育了獨立型的自我（Independent Self）」。這種「互依型的自我」表現在中國人的自我觀念上就是「傾向

於從社會角色和關係來界定個人的自我概念，自我與他人並沒有一清二楚的界限，人們習慣於從關係中去認識一切，將個人看成是群體的一分子，是群體裏的一個角色，而不是獨立的個體。中國人的自我概念包括母親等十分親近的人」[13]。西方的「獨立型自我」則如「所羅門在反思西方社會時指出的，」「傾向於認為我們真正的、本質的或本真的自我僅為我們自己所獨有，而我們與他人的關係則相對來說是次要的，或者從某種意義上來說是外在的」[14]。因此，西方「獨立型的自我」把包括母親在內的「任何其他人」都看成是「非自我」，而不像東方人那樣把「父母、親人、好朋友」等都看成是屬於自我概念範圍內的「自家人」[15]。

朱瀅作為心理學家做了大量的實驗和社會調查，證明了中國人的自我觀屬於「互依型的自我」，西方人的自我觀屬於「獨立型的自我」；證明了不同的自我觀與不同的文化之間的密切關係：「美國文化下人們通過關注自我並發現和表達自身獨特的內在特質而保持自我的獨立性，而東亞文化下，人們則注重自我與他人間的內在聯

繫，強調關注他人，與他人保持和諧的互動關係。」例如西方人更多地使用個人的特徵來描述自我，而中國人則更多地使用所處的社會地位、所扮演的社會角色來描述自我[16]。

與此相聯繫的是，西方文化影響下的人對他人的行為常常作「特質歸因」，即歸因於行為者個人的特質；東方文化影響下的人則更多地作「情境歸因」，「更多地考慮到情境因素的影響」[17]。又如「在行為動機方面，擁有獨立型自我的個體在擁有自主權時內在動機最高，任務完成得最好，而擁有依賴型自我的東亞人卻不盡然，關係取向使他們對於他人作出選擇的情景下也表現出較高的動機。」例如由母親、權威人士「為其作出選擇時，表現出最高的內在動機，任務也完成得最好」[18]，如此等等。

朱瀅由此得出結論：「中國人依賴於別人的觀點，而英美人依賴自己的觀點。」「東方人的自我概念強調同他人的關係。離開了父母、好朋友、同事等，自我的內容就很少了。而英美國家是絕對的獨立的自我。自我不包

括好朋友、父母、同事等，只包括他自己」[19]。朱瀅同
時也指出：不能把這種東西方的差異絕對化，「儘管獨立
型自我主要頒佈在西方，互依型自我主要分佈在東方，
但東西方人都具有這兩種自我結構。[20]」

結合 Searle 和朱瀅的研究和論述，我以為西方的
「獨立型自我」可以歸結為自由、理性、個性三大特點，
自我乃是一個遵照理性而自由行動的獨特的個體。如果
能以此作為自我的標本，則東方的「互依型自我」實不
能算是自我。

我在拙著《哲學導論》中多處談到，自我源於主客
體之間的明確劃分，中國傳統哲學不重作為認識主體的
自我與作為認識客體（對象）的非自我之間的區分，兩者
在中國傳統哲學中渾然一體，故中國傳統哲學不討論「自
我是什麼」的問題 [21]。孔子的「仁者愛人」，是講的人
與人之間的關係，儘管不能說不是一種自我觀，但並未
回答「自我是什麼」的問題。孟子主張「萬物皆備於我」，
這裏的我與萬物本為一體，無人我之分，實無獨立的我
之可言。道家到了莊子，則更明確地提出了「至人無己」

（《逍遙遊》）的命題。「無己」就是「無我」，沒有自我。

可以毫不誇大地説，作為中國本土文化支柱的儒家與道家文化中，大體上説來，「無我」是一條根本原則，「我」（自我）的觀念在中國傳統文化中，一般説來不過是一個自私、私己的貶義詞。

我在《哲學導論》等論著中指出，中國傳統文化中「無我」的觀念其優點在於崇奉人的高遠境界，其缺點在於缺乏獨立自我的創造性，缺乏主客二分的觀點。我們應當學習、吸納西方主客二分的思維方式，亦即「獨立型的自我」觀。但西方的這種自我觀已愈來愈暴露了極端的人類中心主義和唯自我中心主義的缺點，所以我在「超越自我」一文中又着重闡述了超越西方獨立型自我的觀點，其中心意思是要取長補短，會通中西，走出一條既尊重自我的獨立性又有關注他人的高遠境界的新的哲學道路。

我的主張並不代表中國傳統哲學的自我觀，但我從朱瀅先生的著作《文化與自我》中認識到，中國傳統的那種「更依賴於別人的自我」觀根深蒂固，學習，吸納

西方那種「依賴自己」的「獨立型自我」觀，遠非一朝一夕所能完成。

我過去總愛說，「不能亦步亦趨地先花幾百年時間補西方文化思想之課，然後再來糾偏」，現在由於更深切地意識到傳統之頑固，我覺得中華文化要想求得新生，還是需要先多花點時間，做點補課的功夫，當然不是亦步亦趨。

近年來我講的「超越自我」之「超越」，未免提得過早了，強調得過多了。我畢竟還是一個在中國傳統文化背景下成長起來的中國人的「自我」！當前，我們還是應當在會通中西、取長補短的大原則和總的趨勢下，更着重注意學習、吸納「獨立型的自我觀」。

註釋

[1] 朱瀅 . 文化與自我 . 北京：北京師範大學出版社，2007. 第 16 頁 .

[2] 同上書，第 15 頁 .

[3] 同上書，第 16 頁 .

[4] 同上書，第 48 頁 .

[5] 同上書，第 17 頁．

[6] 同上書，第 27-28 頁．

[7] 同上書，第 67 頁．

[8] 同上書，第 84 頁．

[9] 同上書，第 87 頁．

[10] 同上書，第 89 頁．

[11] 同上書，第 113 頁．

[12] 同上書，第 173 頁．

[13] 同上書，第 7 頁

[14] J. R. Searle, *Mind-A Brief Introduction*. New York. Oxford University Press, 2004. 292.

[15] Ibid. pp. 294-295.

[16] Ibid. p. 295.

[17] Ibid. p. 297.

[18] Ibid. p. 296.

[19] Ibid. pp. 293-294.

[20] Ibid. p. 212.

[21] Ibid. pp. 213-214.

後記

本書的出版，得到了許多人的幫助。

寫作過程中得到北京大學心理系張天揚博士生的許多幫助，陸岩女士做了大量文字處理工作，香港開明書店的編輯精心修改為本書增色不少，並對書稿寫作提出重要意見，我們深表感激。

著名哲學家張世英先生慷慨允許我們引用他的文章作為本書的附錄。張先生對我們的幫助不止於此。作為心理學家，我們只是具體地研究了中國人的自我是怎樣的，而作為哲學家，張先生指明了中國人的自我應該是怎樣的。

他說，「西方文字，『我』字大寫，中國人則愛自稱『鄙人』。在世界文化發展的洪流中，我們中國人也該改變一下老傳統，在世界文化史上堂堂正正地寫上一個大

寫的『我』字，做一個大寫的人。」（張世英，《中西文化與自我》，人民出版社，2011，封底）為中國人「做一個大寫的人」而努力，這也就是本書寫作的目的。

張文新教授熱情地提供了他的關於中國青少年的心理學研究論文，為我們寫作第九章創造了有利的條件，我們深表感激。

汪慧麗是朱瀅的妻子，在本書寫作期間病逝，我們也將此書作為對她的紀念。

朱瀅

□ 責任編輯：王春永
□ 裝幀設計：高　林
□ 排　版：黎　浪
□ 印　務：劉漢舉

中國人的自我

□
著者
朱瀅

□
出版
開明書店
香港北角英皇道 499 號北角工業大廈一樓 B
電話：（852）2137 2338　傳真：（852）2713 8202
電子郵件：info@chunghwabook.com.hk
網址：http://www.chunghwabook.com.hk

□
發行
香港聯合書刊物流有限公司
香港新界荃灣德士古道 220-248 號
荃灣工業中心 16 樓
電話：（852）2150 2100　傳真：（852）2407 3062
電子郵件：info@suplogistics.com.hk

□
印刷
美雅印刷製本有限公司
香港觀塘榮業街 6 號海濱工業大廈 4 樓 A 室

□
版次
2021 年 2 月初版
© 2021 開明書店

□
規格
32 開（190 mm × 130 mm）

□
ISBN：978-962-459-075-3

本書中文繁體字版由北京師範大學出版社（集團）有限公司授權出版，於港澳台地區發行。